Guttentagsche Sammlung
Nr. 130. Deutscher Reichsgesetze. Nr. 130.
Textausgaben mit Anmerkungen.

Ersatzlebensmittelverordnung

vom 7. März 1918

nebst Ausführungsvorschriften des Reichs
und der wichtigsten Bundesstaaten.

Verordnungen über
Schleichhandel, Preistreiberei und Papierhandel
mit preußischen Ausführungsbestimmungen.

Textausgabe mit Anmerkungen und Sachregister

von

Heinz Emil Wendel,
Königl. Polizeirat in Berlin.

Berlin 1918.
J. Guttentag, Verlagsbuchhandlung,
G. m. b. H.

Vorwort.

Bei der Knappheit der Lebensmittel spielen zurzeit die Ersatzlebensmittel eine so überaus große Rolle im Handel, daß die neue Verordnung über die Genehmigung von Ersatzlebensmitteln eine so einschneidende Bedeutung hat wie wenige andere Verordnungen. Da der Rechtsstoff der Neuregelung nicht allein in der Verordnung selbst enthalten ist, sondern (auch abgesehen von den Ausführungsbestimmungen der Bundesstaaten) noch über mehrere andere amtliche Bekanntmachungen verstreut ist, erscheint die einheitliche Zusammenfassung und Erläuterung als dringendes Bedürfnis und entspricht (wie mir auch aus unzähligen Anfragen bekannt ist, die an mich als Vorsitzenden in der Berliner Handelserlaubnisstelle gerichtet wurden) einem lebhaften Wunsche der beteiligten Kreise.

Neben den grundlegenden reichsrechtlichen Bestimmungen haben in dem vorliegenden Bändchen zugleich die Ausführungsanweisungen einiger Bundesstaaten Aufnahme gefunden, in denen die Herstellung und der Vertrieb von Ersatzmitteln besonders beträchtlichen Umfang hat; die wichtigsten Vorschriften dieser Anweisungen sind auch in die erläuternden Anmerkungen zur Verordnung selbst hineingearbeitet worden.

Von noch allgemeinerer Wichtigkeit für alle Handelskreise ist die ebenfalls behandelte Verordnung gegen Preistreiberei, die das ganze Kriegswucherrecht zum Teil in neue Bahnen lenkt.

Engere Kreise betreffen die beiden weiteren Verordnungen über den Schleichhandel und den Handel mit Karton, Papier und Pappe, aber auch ihre Aufnahme wird bei der schweren Zugänglichkeit der Gesetzblätter willkommen sein.

Berlin-Grunewald, im Mai 1918.

Heinz Emil Wendel.

Inhaltsverzeichnis.

Verzeichnis der Abkürzungen.

Ausn.	=	Bekanntmachung über Ausnahmen (vom 14. Juni 1918).
BdA.	=	Badische Verordnung zur Ersatzmittelverordnung (vom 29. April 1918).
EV.	=	Ersatzmittelverordnung vom 7. März 1918.
Gr.	=	Bekanntmachung über die Grundsätze für Genehmigung (vom 8. April 1918).
HbPrV.	=	Bekanntmachung der hamburgischen Preisprüfungsstelle (vom 16. April 1918).
HbSV	=	Bekanntmachung des hamburgischen Senates (vom 9. April 1918).
PapV.	=	Bekanntmachung über den Handel mit Karton, Papier und Pappe (vom 17. Mai 1918).
PrA.	=	Preußische Ausführungsanweisung zur Ersatzmittelverordnung (vom 9. April 1918).
PrAzPapV.	=	Preußische Ausführungsbestimmungen zur Papierhandelsbekanntmachung (vom 28. Mai 1918).
PrU.	=	Preußische weitere Übergangsbestimmungen zur Ersatzmittelverordnung (vom 18. April 1918).
PrtrV.	=	Verordnung gegen Preistreiberei (vom 8. Mai 1918).
SA.	=	Sächsische Ausführungsverordnung zur Ersatzmittelverordnung (vom 20. April 1918).
SchlV.	=	Verordnung gegen den Schleichhandel (vom 7. März 1918).
WA.	=	Württembergische Verfügung zur Ersatzmittelverordnung (vom 16. Mai 1918).
Z.	=	Bekanntmachung über Zugehörigkeit zu den Ersatzmitteln (vom 8. April 1918).

Einleitung.

1. Die Ersatzlebensmittelverordnung vom 7. März 1918 verfolgt mehrere wichtige Ziele gleichzeitig: sie will Händler und Verbraucher gegen minderwertige und gesundheitsschädliche Erzeugnisse schützen, sie will vor übermäßigen, in den Herstellungskosten nicht begründeten Preisen bewahren, sie will verhindern, daß wichtige Rohstoffe durch Verarbeitung zu minderwertigen Ersatzmitteln vergeudet oder dadurch in verschlechterter, mindestens verteuerter Form dem Verkehre zugeführt werden, sie will endlich in Handel und Verkehr der Täuschung durch irreführende Bezeichnungen einen Riegel vorschieben.

Diesen weitgesteckten Zielen entsprechen die einschneidenden Bestimmungen zu ihrer Durchführung.

Hauptgrundsatz ist, daß Ersatzlebensmittel gewerbsmäßig nur dann hergestellt und in Verkehr gebracht werden dürfen, wenn sie von einer Ersatzmittelstelle genehmigt sind.

Der Kreis der genehmigungspflichtigen Ersatzmittel ist sehr weit gezogen: es gehören dazu alle Mittel, die dazu bestimmt sind, Nahrungs- oder Genußmittel in gewissen Eigenschaften oder Wirkungen zu ersetzen. Gleichgültig für die Zugehörigkeit ist also die Frage, ob das Ersatzmittel tatsächlich zum Ersatze geeignet ist, ferner die Darbietungsform des Mittels, seine Bezeichnung, endlich die Frage seiner Neuheit.

Ausgenommen sind unvermischte Naturerzeugnisse, die ihrem Ursprunge entsprechend in herkömmlicher, handelsüblicher Weise bezeichnet und nicht als Ersatz für andere Lebensmittel angepriesen werden.

Als Richtschnur für Erteilung oder Versagung der Genehmigung ist eine Reihe von Grundsätzen amtlich aufgestellt. Danach sollen ausgeschlossen werden alle Ersatzmittel, die gesundheitsschädlich sind oder über deren Unschädlichkeit Zweifel bestehen; ferner verdorbene oder ekelerregende oder solche, deren Haltbarkeit oder Verpackung befürchten läßt, daß sie verdorben sind, bis sie zum Verbrauche kommen. Weiter sind abzulehnen Mittel von unzweckmäßiger Zusammensetzung, in unzweckmäßiger Verpackung, von zu geringem Nähr-, Genuß- oder Gebrauchswert, mit irreführender Bezeichnung oder Anpreisung, täuschender oder zweckwidriger Gebrauchsanweisung; Mittel, deren Preis verhältnismäßig zu hoch ist; Mittel, deren Bezeichnung, Verpackung, Aufmachung oder Anpreisung den Verbraucher über den Wert im Vergleiche zu anderen dem gleichen Zwecke dienenden Mitteln irreführen könnten. Zum Schutze der Rohstoffe müssen auch solche Mittel abgelehnt werden, zu deren Herstellung Roh- oder Hilfsstoffe verwendet werden, die für wichtigere Zwecke nötig sind oder deren Verwendung eine unnötige Verteuerung herbeiführt. Einige Ersatzmittel sind künftig ohne weiteres verboten, für gewisse andere sind besondere Einzelbestimmungen erlassen, deren Nichtbeachtung Versagung zur Folge hat.

Auch persönliche Gründe können zur Versagung führen, wenn ihretwegen die ordnungsmäßige Herstellung nicht gewährleistet erscheint.

Über das Verfahren ist folgendes bestimmt:

Die Genehmigung tritt nur auf Antrag ein. Er muß die in der Verordnung selbst (§ 3) für das ganze Reich vorgeschriebenen Angaben enthalten, in einzelnen Bundesstaaten noch eine Reihe von anderen. Beizufügen sind Muster in Kleinverkaufspackung mit Bezettelung, Gebrauchsanweisung und Ankündigungsentwürfen.

Die Entscheidung erfolgt durch besondere Ersatzmittelstellen und kann auf Genehmigung oder Versagung lauten. Eine Genehmigung gilt für das ganze Reich und ist zeitlich unbeschränkt; sie kann aber widerrufen werden. Sie kann auch an Bedingungen geknüpft werden, deren Nichteinhaltung das Erlöschen der Genehmigung zur Folge hat. Gegen die Versagung oder Zurücknahme der Genehmigung ist nur Beschwerde zulässig, die jedoch keine aufschiebende Wirkung hat. Eine Beschwerdefrist ist reichsrechtlich nicht vorgesehen, wohl aber in der Regel durch bundesstaatliche Vorschriften. Die Entscheidung der Beschwerdestelle ist endgültig.

Zur Durchführung der Bestimmungen ist scharfe Überwachung vorgesehen. Zunächst muß von jeder Genehmigung, Versagung oder Zurücknahme dem Kriegsernährungsamte Kenntnis gegeben werden, das darüber Listen zu veröffentlichen gedenkt. Ferner muß jeder Hersteller jederzeit der Ersatzmittelstelle unentgeltlich Proben zur Vornahme von Nachprüfungen (auf seine Kosten) zur Verfügung stellen. Polizei und Ersatzmittelstellen sind endlich befugt, die Herstellungs-, Lager- und Verkaufsräume zu besichtigen, Geschäftsaufzeichnungen einzusehen, Proben zu entnehmen und Auskunft über das Herstellungsverfahren sowie über die verwendeten Stoffe und deren Preis und Herkunft zu verlangen.

Besonders wichtig ist die weitere Vorschrift, daß bei jeder Veräußerung von Ersatzmitteln an Händler dem Erwerber eine Bescheinigung auszuhändigen ist, aus der ersichtlich ist, von welcher Stelle, wann, unter welcher Nummer und unter welchen Bedingungen das Ersatzmittel genehmigt ist. Ersatzmittle dürfen nur gegen Aushändigung dieser Bescheinigung erworben werden; die Bescheinigung muß aufbewahrt und auf Verlangen der Polizei oder Ersatzmittelstelle vorgelegt werden. Es genügt jedoch, wenn der vorgeschriebene Inhalt der Bescheinigung auf der Packung oder den Behältnissen steht. Teilweise ist auch gestattet, solche Bescheinigungen mit der Rechnung zu verbinden, so daß ein entsprechender Vermerk auf dieser genügt.

In Kraft ist diese Verordnung vom 1. Mai 1918 an, mit Übergangszeit bis 1. Oktober 1918.

2. Die kurze Verordnung gegen den Schleichhandel bezweckt, diesem Handel, der durch seinen ständig wachsenden Umfang allmählich zu einer großen Gefahr für die Durchführung unserer auf gleichmäßiger Verteilung der wichtigsten Nahrungsmittel beruhenden Ernährungsregelung zu werden droht, durch strenge Strafen ein Ende zu machen. Hervorzuheben ist besonders die Einführung von Geldstrafen bis zu einer halben Million Mark, der Zuchthausstrafe (bei wiederholtem Rückfalle), der öffentlichen Bekanntmachung des Urteils und

der Aberkennung der bürgerlichen Ehrenrechte; ferner die Strafbarkeit der Vermittlertätigkeit.

In Kraft ist die Verordnung seit dem 15. März 1918.

3. Die Verordnung gegen Preistreiberei tritt teilweise an die Stelle der bisherigen Verordnungen gegen übermäßige Preissteigerung und über die Höchstpreise sowie der in einzelnen Verordnungen erlassenen Bestimmungen gegen Kettenhandel. Sie faßt aber nicht nur die alten Vorschriften zusammen, sondern sie stellt auch teilweise das ganze Kriegswucherrecht auf neue Grundlagen.

Zunächst ist der Strafrahmen bedeutend erweitert: die Geldstrafe ist bis auf 200000 Mark, bei Rückfall bis auf 500000 Mark erhöht; bei Rückfall ist außerdem auf Zuchthaus und Aberkennung der bürgerlichen Ehrenrechte zu erkennen. Auch öffentliche Bekanntmachung des Urteils ist zulässig. Selbst für fahrlässige Zuwiderhandlung ist Gefängnis bis zu 1 Jahre und Geldstrafe bis zu 50000 Mark angedroht, auch Vernachlässigung der Aufsichtspflicht gegenüber Angestellten ist für strafbar erklärt.

Daß die Einziehung der Gegenstände der strafbaren Handlung zugelassen ist, entspricht früheren Bestimmungen; neu ist aber, daß neben der Strafe ein dem erzielten übermäßigen Gewinne entsprechender Betrag eingezogen werden muß, und zwar auch dann, wenn der Gewinnbetrag sich schon in anderen Händen befindet; mit dieser Bestimmung wird Schiebungen erfolgreich entgegengetreten.

Wenn diese Bestimmungen den Wünschen der Verbraucher entgegenkommen und diese wirksamer als bisher vor Ausbeutung schützen sollen, so entsprechen einige andere Neuerungen allen dringenden Wünschen des Handelsstandes. Besonders wichtig ist, daß der Kaufmann jetzt für gleichartige Gegenstände mit verschieden hohen Gestehungskosten einen Durchschnittspreis fordern darf, was ihm bisher nach der Rechtsprechung des Reichsgerichts verwehrt war. Ferner ist bestimmt, daß für Lieferungen in das Ausland diese Verordnung und die Höchstpreise keine Geltung haben sollen, sowie daß bei Einfuhr aus dem Auslande vom Reichskanzler Ausnahmen von dieser Verordnung zugelassen werden können.

Eine die weitesten Verbraucherkreise und einkaufenden Gemeinden und Betriebe angehende Neuerung ist, daß Überschreitung der Höchstpreise den Käufer nicht mehr strafbar macht, soweit er nicht mit Gewinn weiterveräußern will.

Diese Verordnung ist vom 1. Juni 1918 an in Kraft; ihre gegen früher milderen Vorschriften haben nach dem Grundsatze des § 2 Strafgesetzbuch rückwirkende Kraft.

4. Die Bekanntmachung über den Handel mit Karton, Papier und Pappe endlich will dem wilden Papierhandel ein Ende machen, dem sich viele Unberufene in letzter Zeit zugewandt haben. Allerdings macht sie ihn nicht allgemein (wie den Handel mit Lebens- und Futtermitteln, Wein, Sämereien, Tabakwaren) von besonderer behördlicher Erlaubnis abhängig: wer vor dem 1. Januar 1916 schon damit gehandelt hat, behält ohne besonders einzuholende Erlaubnis die Befugnis, weiterzuhandeln, die ihm allerdings bei Unzuverlässigkeit entzogen werden kann. Wer vor jenem Tage aber nicht mit Papier usw. gehandelt hat, bedarf zur Fortführung einer besonderen (nur ausnahmsweise und auf Widerruf) zu erteilenden Erlaubnis.

Wer den Handel nicht fortsetzen darf, muß binnen 48 Stunden seine Bestände an Papier, Karton und Pappe der Kriegswirtschaftsstelle für das Deutsche Zeitungsgewerbe anzeigen, die die Waren auf seine Kosten und Rechnung verwertet. Diese Stelle kann aber auch Vorräte an Papier usw. enteignen, die einem zum Handel damit Berechtigten gehören, und kann das Eigentum daran einem anderen übertragen.

Strafen bis zu 6 Monaten Gefängnis und Geldstrafe bis zu 10000 Mark sollen die Durchführung der Verordnung sichern.

Die Verordnung ist seit 24. Mai 1918 in Kraft.

Verordnung über die Genehmigung von Ersatzlebensmitteln.

Vom 7. März 1918 (RGBl. S. 117).

Der Bundesrat hat auf Grund des § 3 des Gesetzes über die Ermächtigung des Bundesrats zu wirtschaftlichen Maßnahmen usw. vom 4. August 1914 (RGBl. S. 327) folgende Verordnung erlassen:

§ 1. Ersatzlebensmittel[1] dürfen gewerbsmäßig nur hergestellt, angeboten, feilgehalten, verkauft oder sonst in den Verkehr gebracht werden, wenn sie von einer Ersatzmittelstelle (§ 2) genehmigt sind[2] [3] [4].

Der Reichskanzler kann Grundsätze darüber aufstellen, welche Gegenstände Ersatzlebensmittel im Sinne dieser Verordnung sind. Die Grundsätze sind im Reichsanzeiger zu veröffentlichen.

Die von einer Ersatzmittelstelle erteilte Genehmigung gilt für das ganze Reichsgebiet[5].

1. Die Verordnung bezieht sich also zunächst auf Ersatzlebensmittel; nach § 13 kann sie aber auch auf Ersatzmittel für andere Gegenstände des täglichen Bedarfs ausgedehnt werden (vgl. dazu die Anm. zu § 13). — Zu „Lebensmitteln" gehört alles, was man ißt und trinkt, also sowohl Nahrungsmittel als auch sogenannte Genußmittel, soweit sie eß- und trinkbar sind, also z. B. auch Wein, Liköre, Kaviar, nicht dagegen Tabak.

2. Als genehmigt gelten zunächst die auf Grund dieser Verordnung genehmigten Ersatzmittel. Gemäß § 14 Abs. 3 können aber auch nach früheren in einzelnen Bundesstaaten bestehenden Verordnungen genehmigte Ersatzmittel als genehmigt im Sinne dieser Verordnung gelten (vgl. Anm. zu § 14 Abs. 3).

3. Die Genehmigung auf Grund dieser Verordnung ersetzt nicht eine (für den Groß- und Zwischenhandel) nach der Verordnung über den Handel mit Lebens- und Futtermitteln vom 24. Juni 1916 (RGBl. S. 561) notwendige, von der Ortspolizeibehörde oder dem Landrate zu erteilende Handelserlaubnis. Diese bleibt vielmehr nach wie vor erforderlich für den Handel, soweit er sich nicht nur auf den Kleinhandel (in den im Kleinhandel — Ladengeschäft — üblichen Mengen) erstreckt.

4. Zuwiderhandlung zieht Bestrafung (s. § 16 Z. 1) nach sich; außerdem kann wegen der dadurch bewiesenen Unzuverlässigkeit Zurücknahme der Handelserlaubnis gemäß Verordnung vom 24. Juni 1916 (s. Anm. 3) oder Untersagung des Handels gemäß der Verordnung über die Fernhaltung unzuverlässiger Personen vom Handel vom 23. September 1915 erfolgen.

5. Diese Geltung für das ganze Reichsgebiet schließt aber (nach § 8 Abs. 2) nicht aus, daß eine Genehmigung von einer anderen Ersatzmittelstelle beanstandet wird; Näheres s. § 8 Abs. 2.

§ 2. Die Ersatzmittelstellen sind von den Landeszentralbehörden zu errichten. Sie können für das ganze Gebiet eines Bundesstaats oder für Teilgebiete, auch für Bezirke, die aus Gebieten mehrerer Bundesstaaten gebildet sind, errichtet werden[1].

Die Landeszentralbehörden können bestimmen, daß die Geschäfte der Ersatzmittelstellen von bereits bestehenden Stellen wahrgenommen werden[2].

1. Solche Ersatzmittlestellen sind in Preußen errichtet für jede Provinz in Angliederung an die vorhandenen Provinzialpreisprüfungsstellen oder in Ermangelung solcher an eine vom Oberpräsidenten zu bestimmende Bezirkspreisprüfungsstelle oder örtliche Preisprüfungsstelle. Für Groß-Berlin (und zwar die Stadtkreise Berlin, Charlottenburg, Neukölln, Berlin-Schöneberg, Berlin-Wilmersdorf, Berlin-Lichtenberg, Spandau und die Landkreise Teltow und Niederbarnim) ist — in Angliederung an die Preisprüfungsstelle Groß-Berlin — eine Ersatzmittelstelle Groß-Berlin errichtet, der außerdem auch der Rest der Provinz Brandenburg unterstellt ist.

In den anderen Bundesstaaten ist regelmäßig nur eine Ersatzmittelstelle für das ganze Staatsgebiet errichtet.

2. So z. B. in Baden vom Landespreisamt, in Württemberg von der Landespreisstelle.

§ 3. Der Antrag auf Genehmigung muß enthalten:

1. genaue Angaben über die Zusammensetzung des Ersatzlebensmittels und das Herstellungsverfahren unter Bezeichnung der Art und Menge der bei der Herstellung verwendeten Stoffe [2] und der daraus gewonnenen Menge der Fertigerzeugnisse,
2. eine Berechnung der Herstellungskosten sowie die Angabe des Preises, zu dem das Ersatzlebensmittel vom Hersteller und im Groß- und Kleinhandel abgegeben werden soll,
3. die wörtlich genaue [3] Angabe, unter welcher Bezeichnung das Ersatzlebensmittel in den Verkehr gebracht werden soll.

Dem Antrag sind ferner beizufügen:

4. zur Untersuchung geeignete Muster des Ersatzlebensmittels in der für den Kleinverkauf vorgesehenen Packung [4] mit Bezettelung, Gebrauchsanweisung und Ankündigungsentwürfen.

Die Landeszentralbehörden oder mit ihrer Genehmigung die Ersatzmittelstellen können weitere Erfordernisse für den Antrag aufstellen [5].

1. Diese Angaben muß der Antrag enthalten, sonst wird er als ungeeignet zurückgewiesen; in der preußischen Ausführungsanweisung ist diese Folge ausdrücklich hervorgehoben.

Außer den hier als unerläßlich angeführten Angaben sind vielfach durch die Landeszentralbehörden noch weitere Angaben vorgeschrieben; zum Teil, z. B. in Sachsen und Hamburg, ist auch die Benutzung besonderer Antragsvordrucke amtlich angeordnet.

2. In Preußen muß auch der Lieferer der Stoffe angegeben werden (PrA. B. I 6).

3. „Wörtlich genau"; also der (Phantasie-) Name des Ersatzmittels, der ohne Genehmigung nachträglich nicht geändert werden darf (§ 5 Abs. 2).

4. Die Packung muß selbstverständlich vor allem den dafür erlassenen sonstigen Vorschriften entsprechen (z. B. denen der Bekanntmachungen über die äußere Kennzeichnung von Waren vom 26. Mai 1916, 11. Juni 1916, 25. August 1916, 5. Dezember 1916, ferner denen der Bekanntmachung über irreführende Bezeichnung vom 26. Juni 1916).

5. So z. B. geschehen in Preußen, Baden, Sachsen, Württemberg.

§ 4. Der Antrag auf Genehmigung ist von dem Hersteller, bei Ersatzlebensmitteln, die aus dem Ausland[1] eingeführt werden, von dem Einführenden zu stellen.

Will ein anderer als der Hersteller oder der Einführende das Ersatzlebensmittel unter seinem Namen oder seiner Firma in den Verkehr bringen, so ist der Antrag von diesem zu stellen[2 3].

Zuständig zur Erteilung der Genehmigung ist diejenige Ersatzmittelstelle, in deren Bezirk der zur Stellung des Antrags Berechtigte seine gewerbliche Hauptniederlassung oder in Ermangelung einer solchen seinen Wohnsitz hat.

1. Als Ausland gilt nicht nur das Reichsausland, sondern auch andere deutsche Bundesstaaten; das ist besonders hervorgehoben für Baden (BdA. § 4) und Sachsen (SA. § 9); vgl. dazu § 14 Abs. 3.

2. Z. B. wer Backpulver u. ä. vom Hersteller lose bezieht und in Packungen mit Aufdruck der eigenen Firma abfüllt.

3. In diesem Falle wird der Antragsteller in der Regel nicht in der Lage sein, die durch § 3 Ziff. 1 und 2 geforderten Angaben zu machen; er wird sie daher durch Hinweis auf eine dem Hersteller der Ware bereits erteilte Genehmigung

ersetzen müssen. Ausdrücklich vorgesehen ist dies z. B. für Hamburg (HbPrV. § 4).

§ 5. Die Genehmigung kann[1] an Bedingungen geknüpft werden. Soweit reichsrechtlich Vorschriften über Ersatzlebensmittel getroffen sind, darf die Genehmigung nicht an abweichende Bedingungen geknüpft werden. Der Reichskanzler kann Grundsätze für die Erteilung und Versagung der Genehmigung aufstellen[2]. Die Grundsätze sollen eine Versagung der Genehmigung insbesondere für die Fälle vorsehen, in denen Bedenken gesundheitlicher oder volkswirtschaftlicher Art oder persönliche Gründe der Erteilung der Genehmigung entgegenstehen.

Die Genehmigung gilt für das Ersatzlebensmittel nur insoweit, als es entsprechend den im Genehmigungsantrag enthaltenen Angaben[3] und den bei der Erteilung der Genehmigung auferlegten Bedingungen hergestellt und in den Verkehr gebracht wird. Jede Abweichung, insbesondere in der Zusammensetzung, Bezeichnung oder im Preise ist nur nach Genehmigung der Ersatzmittelstelle zulässig[4].

Die Genehmigung kann außer in den Fällen des § 8 Abs. 2 auch zurückgenommen werden[5], wenn sich nachträglich Umstände[6] ergeben, die die Versagung der Genehmigung rechtfertigen.

1. In Preußen muß sie stets an gewisse Bedingungen geknüpft werden (PrA. C Abs. 3); ähnlich in anderen Bundesstaaten, z. B. in Sachsen (SA. § 10), Hamburg (HbPrV. § 5, § 6), Württemberg (WA. § 8).

2. Geschehen durch Bekanntmachung vom 8. April 1918 (s. diese).

3. Z. B. auch bezüglich des Namens des Ersatzmittels.

4. Strafe: § 16, 1.

5. Nur von der Ersatzmittelstelle, die die Genehmigung erteilt hat; eine andere kann (nach § 8 Abs. 2) nur die Entscheidung des Reichskanzlers anrufen.

6. Solche Umstände sind angeführt in der Bekanntmachung über die Grundsätze für Genehmigung und Versagung vom 8. April 1918.

§ 6. Gegen die Versagung und die Zurücknahme[1] [2] der Genehmigung ist nur Beschwerde[3] zulässig. Sie hat keine aufschiebende Wirkung.

Die Landeszentralbehörden bestimmen, welche Stellen zur Entscheidung über die Beschwerde zuständig sind[4].

1. Bei Zurücknahme ist ein Rechtsmittel jedoch nicht gegeben, wenn sie gemäß § 8 Abs. 2 auf einer Entscheidung des Reichskanzlers beruht; diese Entscheidung ist endgültig.

2. Sinngemäß wird Beschwerde auch gegen eine unter Bedingungen erteilte Genehmigung zulässig sein müssen (die einer teilweisen Versagung gleichkommen kann), obgleich dies in § 6 nicht vorgesehen ist. In Hamburg (HbPrV. § 7) ist die Zulässigkeit der Beschwerde in diesem Falle ausdrücklich anerkannt.

3. Eine Beschwerdefrist ist reichsrechtlich nicht vorgeschrieben, wohl aber in den meisten Bundesstaaten, z. B. in Preußen 4 Wochen, in Sachsen und Hamburg 2 Wochen, in Württemberg 1 Woche, stets vom Tage der Zustellung des Bescheides an gerechnet.

4. Beschwerdestellen sind in Preußen der (bei dem Kgl. Polizeipräsidium in Berlin gebildete) „Beschwerdeausschuß", in Hamburg die Senatssektion für Gewerberekurssachen, in anderen Bundesstaaten das Ministerium des Innern.

§ 7. Die Landeszentralbehörden bestimmen das Nähere über das Verfahren vor den Ersatzmittel- und den Beschwerdestellen.

§ 8. Von sämtlichen Entscheidungen, durch die ein Ersatzlebensmittel genehmigt oder die Genehmigung eines solchen versagt oder zurückgenommen ist, sowie von sämtlichen Entscheidungen der Beschwerdestellen ist dem Kriegsernährungsamt unverzüglich Mitteilung zu machen.

Haben mehrere Ersatzmittelstellen oder Beschwerdestellen über die Genehmigung eines Ersatzlebensmittels zu entscheiden und gelangen sie zu verschiedenen Entscheidungen, so hat der Reichskanzler die endgültige Entscheidung zu treffen. Das gleiche gilt, wenn bereits genehmigte Ersatzlebensmittel durch eine andere Ersatzmittelstelle beanstandet werden und zwischen dieser und derjenigen Stelle, die das Ersatzlebensmittel genehmigt hat, keine Einigung erzielt wird.

§ 9. Bei jeder[1] Veräußerung von Ersatzlebensmitteln an Händler oder bei der Übergabe an diese zum Zwecke der Veräußerung hat der Veräußerer dem Erwerber eine Bescheinigung[2] auszuhändigen, aus der ersichtlich ist, von welcher Stelle, wann, unter welcher Nummer und unter welchen Bedingungen das Ersatzlebensmittel genehmigt ist. Der Erwerber darf Ersatzlebensmittel nur gegen Aushändigung dieser Bescheinigung erwerben; er hat die Bescheinigung aufzubewahren und auf Verlangen den Angestellten oder Beauftragten der Polizei und der Ersatzmittelstellen vorzulegen[3].

1. Bei jeder, also sowohl vom Hersteller (und vom Einführer aus dem Auslande) als auch vom Groß- und Zwischenhändler.

2. Es genügt statt der Bescheinigung, wenn ihr vorgeschriebener Inhalt auf der Packung oder dem Behältnisse steht. (Ausn. Artikel 2) — Die Bescheinigung braucht auch sonst nicht immer gesondert erteilt zu werden; teilweise, z. B. in Preußen (PrA. F zu § 9), Sachsen (SA. § 7), Baden (BdA. § 10), Württemberg (WA. § 12), darf sie mit der Rechnung verbunden werden. In Hamburg sind z. B. dagegen besonders vorgeschriebene Bescheinigungen von der Ersatzmittelstelle zu beziehen.

3. Strafe: § 16, 2.

§ 10. Die Angestellten und Beauftragten der Polizei und der Ersatzmittelstellen[1] sind befugt, Räume, in denen Ersatzlebensmittel hergestellt werden, jederzeit, Räume, in denen sie verpackt, aufbewahrt, feilgehalten oder verkauft werden, während der Geschäftszeit zu betreten, dort Besichtigungen vorzunehmen, Geschäftsaufzeichnungen einzusehen und nach ihrer Auswahl Proben gegen Empfangsbestätigung zu entnehmen.

Die Besitzer dieser Räume sowie die von ihnen bestellten Betriebsleiter und Aufsichtspersonen haben den nach Abs. 1 zum Betreten der Räume Berechtigten auf Erfordern über das Verfahren bei der Herstellung der Ersatzlebensmittel und über die zur Herstellung verwendeten Stoffe, insbesondere über deren Menge, Herkunft und Preis, Auskunft zu erteilen[2].

1. In Sachsen auch die Angestellten und Beauftragten des sächsischen Kriegswucheramts (SA. § 8); auch für Preußen dürfte dies gelten, da das preußische Kriegswucheramt dem Kgl. Polizeipräsidenten in Berlin unterstellt ist, seine Vollziehungsbeamten also als Angehörige der Polizei anzusehen sein dürften.

2. Strafe: § 16, 3.

§ 11. Die nach § 10 Berechtigten sind vorbehaltlich der dienstlichen Berichterstattung und der Anzeige von Gesetzwidrigkeiten verpflichtet, über die Einrichtungen und Geschäftsverhältnisse, welche zu ihrer Kenntnis kommen, Verschwiegenheit zu beobachten und sich der Mitteilung und Verwertung der Geschäfts- und Betriebsgeheimnisse zu enthalten[1].

1. Bestrafung tritt jedoch nur auf Antrag ein; § 16, 4.

§ 12. Die Vorschriften dieser Verordnung finden auf Ersatzlebensmittel, deren Herstellung oder Vertrieb von einer dem Reichskanzler unterstellten Stelle beaufsichtigt werden, mit der Maßgabe Anwendung, daß an die Stelle der Ersatzmittelstelle die beaufsichtigende[1] oder eine vom Reichskanzler bestimmte Stelle tritt.

1. Z. B. für Kunsthonig die Reichszuckerstelle.

§ 13. Der Reichskanzler kann die Vorschriften dieser Verordnung auf Ersatzmittel für andere Gegenstände des täglichen Bedarfs[1] ausdehnen[2]. Soweit er von dieser Befugnis keinen Gebrauch macht, können die Landeszentralbehörden dahingehende Bestimmungen treffen[3].

1. Der Begriff „täglicher Bedarf" ist sehr umstritten und von den Gerichten sehr verschieden ausgelegt worden. Die längst erwartete authentische Auslegung durch die oberste Reichsbehörde fehlt noch immer. Anhaltspunkte für richtige Auslegung bietet zunächst u. a. der Wortlaut des § 1 des BRVO. gegen übermäßige Preissteigerung vom 23. Juli 1915 (RGBl. S. 467) in der Fassung vom 23. März 1916, in dem es heißt „Gegenstände des täglichen Bedarfs, insbesondere Nahrungs- und Futtermittel aller Art sowie rohe Naturerzeugnisse, Heiz- und Leuchtstoffe". Ferner werden in der Begründung des Entwurfs zum Höchstpreisgesetze vom 4. August 1914 als Gegenstände des täglichen Bedarfs u. a. aufgeführt: Gegenstände des Wochenmarktverkehrs, ferner Konserven, Reis, geräucherte und getrocknete Lebensmittel, alle Früchte und alles Vieh.

Im allgemeinen rechnen die Gerichte (so erst kürzlich das Landgericht I in Berlin) zu den Gegenständen des täglichen Bedarfs solche Waren, die fortgesetzt im Haushalte Verwendung finden oder im Wirtschaftsleben, z. B. bei der fabrikmäßigen Herstellung von Wirtschaftsgegenständen eine Rolle spielen und der entsprechenden Nachfrage ausgesetzt sind und diesem Bedürfnis entsprechend im Handel geführt werden.

2. Eine solche Ausdehnung durch den Reichskanzler ist bisher nicht erfolgt.

3. Von dieser Ausdehnungsbefugnis hat Preußen keinen Gebrauch gemacht und beabsichtigt dies vorläufig auch nicht (PrA. F zu § 13). Dagegen haben dies andere Bundesstaaten getan, Württemberg und Sachsen z. B. haben die Verordnung auf alle Gegenstände des täglichen Bedarfs ausgedehnt (WA. § 2; SA. § 13), Baden auf bestimmte einzeln angeführte Gegenstände des täglichen Bedarfs (BdA. § 2).

§ 14. Die bei Inkrafttreten der Verordnung bereits im Verkehre[1] befindlichen Ersatzlebensmittel dürfen vom 1. Juli 1918[2] ab nur noch im Verkehre bleiben, wenn sie genehmigt sind.

Der Antrag auf Genehmigung solcher Ersatzlebensmittel kann auch vom Eigentümer gestellt werden[3].

Die Landeszentralbehörden können bestimmen, daß die nach den bisherigen Bestimmungen in einzelnen Bundesstaaten erteilte Genehmigung eines Ersatzlebensmittels als Genehmigung im Sinne dieser Verordnung gilt[4].

1. Im Verkehre, d. h. nicht mehr im Besitze des Herstellers oder des ihm (gemäß § 4 Abs. 1) gleich stehenden Einführers aus dem Auslande befindliche Waren. Die noch nicht in Verkehr gegebenen Waren müssen bis nach erfolgter Genehmigung auf Lager gehalten werden, wie z. B. aus der preußischen Übergangsbestimmung vom 18. April 1918 ersichtlich ist.

2. Die Übergangszeit ist durch die Bekanntmachung über Ausnahme usw. vom 14. Juni 1819 bis zum 1. Oktober 1918 erstreckt. (Ausn. Artikel 3).

3. Die Zuständigkeit ist nach § 4 Abs. 3 zu beurteilen.

4. Einzelne Bundesstaaten, z. B. Preußen, haben solche Bestimmungen erlassen (PrA. G Abs. 3); andere dagegen, z. B. Baden, haben alle außerhalb ihrer Staaten erteilten früheren Genehmigungen vom 1. Juli 1918 ab für ungültig erklärt (BdA. § 8 Abs. 2).

§ 15. Der Reichskanzler kann Ausführungsbestimmungen erlassen und Ausnahmen von den Vorschriften dieser Verordnung zulassen[1].

Soweit er von der Befugnis, Ausführungsbestimmungen zu erlassen, keinen Gebrauch macht, können die Landeszentralbehörden solche erlassen[2].

1. Bisher nicht geschehen.

2. Ausführungsbestimmungen sind in allen Bundesstaaten ergangen; eine Ausnahmebestimmung ist z. B. für Preußen durch die „Weitere Übergangsbestimmung" vom 18. April 1918 bezüglich einer gewissen Ausdehnung der Übergangszeit erlassen; eine weitere vom Kriegsernährungsamte (für das ganze Reich) durch die Bekanntmachung über Ausnahmen usw. vom 14. Juni 1918 bezüglich Ausnahmen von der Zugehörigkeit, von der Erteilung der Bescheinigungen und über Ausdehnung der Übergangszeit.

§ 16. Mit Gefängnis bis zu einem Jahre und mit Geldstrafe bis zu zehntausend Mark oder mit einer dieser Strafen wird bestraft:

1. wer Ersatzlebensmittel ohne die erforderliche Genehmigung gewerbsmäßig herstellt, anbietet, feilhält, verkauft oder sonst in den Verkehr bringt oder den bei Erteilung der Genehmigung auferlegten Bedingungen (§ 5) zuwiderhandelt;
2. wer den Vorschriften über die Verpflichtung zur Ausstellung, Aushändigung, Aufbewahrung und Vorlegung der Bescheinigung im § 9 zuwiderhandelt;
3. wer den Vorschriften im § 10 Abs. 1 zuwider den Eintritt in die Räume, die Besichtigung, die Einsicht in die Geschäftsaufzeichnungen oder die Entnahme von Proben verweigert oder die gemäß § 10 Abs. 2 von ihm geforderte

Auskunft nicht erteilt oder wissentlich unrichtige oder unvollständige Angaben macht;

4. wer den Vorschriften im § 11 zuwider Verschwiegenheit nicht beobachtet oder der Mitteilung oder Verwertung von Geschäfts- oder Betriebsgeheimnissen sich nicht enthält;
5. wer den von dem Reichskanzler oder den Landeszentralbehörden erlassenen Ausführungsbestimmungen zuwiderhandelt.

Im Falle der Nr. 4 tritt die Verfolgung nur auf Antrag des Betriebsinhabers ein.

Neben der Strafe kann in den Fällen der Nummern 1, 2 und 5 auf Einziehung der Gegenstände erkannt werden, auf die sich die strafbare Handlung bezieht, ohne Unterschied, ob sie dem Täter gehören oder nicht.

§ 17. Diese Verordnung tritt am 1. Mai 1918 in Kraft.

Berlin, den 7. März 1918.

Der Reichskanzler.

In Vertretung: von Waldow.

Bekanntmachung von Grundsätzen für die Erteilung und Versagung der Genehmigung von Ersatzlebensmitteln.

Vom 8. April 1918 (Reichsanzeiger vom 10. April 1918.)

Auf Grund von § 5 Abs. 1 der Verordnung über die Genehmigung von Erlatzlebensmitteln vom 7. März 1918 (RGBl. S. 113) werden folgende Grundsätze für die Erteilung und Versagung der Genehmigung von Ersatzlebensmitteln aufgestellt:

A. Allgemeine Gründe für Nichtgenehmigung von Ersatzlebensmitteln.

I. Schutz des Verbrauchers:

a) Gesundheitlicher Schutz:

Mittel, deren Genuß die menschliche Gesundheit zu beschädigen geeignet ist, oder solche, an deren Unschädlichkeit für den Menschen Zweifel bestehen;

verdorbene oder ekelerregende Mittel oder solche, von denen im Hinblick auf ihre Haltbarkeit oder Verpackung zu befürchten ist, daß sie verdorben sind, bis sie zum Verbrauche gelangen.

b) Wirtschaftlicher Schutz:

1. Mittel von unzweckmäßiger Zusammensetzung, in unzweckmäßiger Verpackung, von zu geringem Nähr-, Genuß- oder Gebrauchswert;

2. Mittel mit irreführender Bezeichnung oder Anpreisung, täuschender oder zweckwidriger Gebrauchsanweisung;

3. Mittel, deren Preis zu hoch ist, und zwar mit Rücksicht auf

aa) die Kosten der Rohstoffe und der Herstellung,

bb) den Nähr-, Genuß- oder Gebrauchswert.

(Ein durch teure Rohstoffe, hohe Herstellungskosten, Erfindergewinn usw. bedingter besonders hoher Preis soll nur dann als berechtigt anerkannt werden, wenn ihm ein entsprechend hoher Nähr-, Genuß- oder Gebrauchswert gegenübersteht.)

4. Mittel, deren ordnungsmäßige Herstellung aus Gründen, die in der Person des Herstellers liegen, nicht hinreichend gewährleistet ist. Als solche persönlichen Gründe kommen besonders in Betracht, daß der Hersteller bereits wegen Nahrungsmittelverfälschung bestraft ist, oder daß ihm wegen Unzuverlässigkeit der Handel mit Gegenständen des täglichen Bedarfs untersagt ist, und ähnliches.

II. Schutz der Rohstoffe.

Mittel, zu deren Herstellung in einem das dringende Erfordernis übersteigenden Maße solche Roh- oder Hilfsstoffe (auch für die Verpackung) verwendet werden,

a) die zurzeit für wichtigere Zwecke in Anspruch genommen sind, es sei denn, daß sie von der zuständigen Behörde für den vorliegenden Zweck ausdrücklich freigegeben sind,
b) deren Verwendung eine unnötige, zum Nähr-, Genuß- oder Gebrauchswert des Ersatzmittels nicht im Verhältnis stehende Verteuerung herbeiführt.

III. Schutz des Gewerbes und Handels.

Mittel, deren Bezeichnung, Verpackung, Aufmachung oder Anpreisung den Verbraucher über den Wert des Mittels im Vergleiche zu anderen dem gleichen Zwecke dienenden Mitteln irrezuführen geeignet sind; s. auch Ib, 4.

B. Besondere Richtlinien für die Beurteilung einzelner Gruppen von Ersatzmitteln.

1. Backpulver.

a) Backpulver sollen in der für 0,5 kg Mehl bestimmten Menge Backpulver wenigstens 2,35 g und nicht mehr als 2,85 g wirksames Kohlendioxyd enthalten; natriumbikarbonathaltige Backpulver sollen so viel kohlensäureaustreibende Stoffe enthalten, daß bei der Umsetzung rechnerisch nicht mehr als 0,8 g Natriumbikarbonat im Überschusse verbleiben.

b) Als kohlensäureaustreibende Stoffe sind Sulfate, Bisulfate, Bisulfite, Alaun und andere Aluminiumsalze unzulässig, desgleichen Milchsäure, sofern diese in einem mineralischen Aufsaugungsmittel enthalten ist.

c) Solange Getreidemehl oder Kartoffelmehl für Backpulver nicht freigegeben werden, ist als Trennungsmittel ein Zusatz von reinem gefällten Kalziumkarbonat bis zu 20 v. H. des Gesamtgewichts ohne Kennzeichnung zulässig. Ein höherer Zusatz dieses Stoffes oder ein Zusatz anderer mineralischer Füll- oder Trennungsmittel ist auch unter Kennzeichnung unzulässig. Kalziumsulfat und Trikalziumphosphat sind als Nebenbestandteile saurer Kalziumphosphate nicht zu beanstanden; jedoch darf die Menge des Kalziumsulfats (berechnet als kristallwasserhaltiger Gips) und des Trikalziumphosphats im Backpulver je 10 v. H. des Gesamtgewichts nicht übersteigen; der zulässige Zusatz von Kalziumkarbonat verringert sich um die Menge des vorhandenen Kalziumsulfats und Trikalziumphosphats.

d) In Backpulvern sind Ammoniumverbindungen mit Ausnahme von Ammoniumsulfat insoweit zulässig, als ihr gesamter Ammoniakgehalt beim Backverfahren freigemacht wird, unbeschadet geringer Mengen, die durch die zulässigen sauren Salze gebunden werden.

e) Mittel von der Zusammensetzung der Backpulver müssen als „Backpulver" bezeichnet sein. Andere den Verwendungszweck angebende Bezeichnungen, wie Eierkuchenpulver, Eierkuchenbackpulver, Klößekochpulver, Eisparmittel u. dgl. sind als irreführend anzusehen.

2. Ei-Ersatz und dergleichen.

a) Die Bezeichnung als Ei-Ersatz ist nur für solche Erzeugnisse zulässig, die das Ei sowohl in seinem Nährwert als auch in seinem Gebrauchswert im wesentlichen zu ersetzen vermögen; Leim oder Gelatine dürfen in solchen Erzeugnissen nicht enthalten sein.

b) Mittel, die den Anforderungen unter a nicht entsprechen, dürfen nicht mit einer das Wort „Ei" enthaltenden Wortverbindung bezeichnet sein. Sofern in Anpreisungen oder Anweisungen für derartige Mittel auf Eier Bezug genommen wird, muß ausdrücklich bemerkt sein, daß sie das Ei nur in seinen färbenden und lockernden Eigenschaften zu ersetzen vermögen. Abbildungen von Eiern oder Geflügel auf den Packungen oder den Anpreisungen und Anweisungen sind unzulässig.

c) Die unter a genannten Erzeugnisse dürfen als mineralische Triebmittel nur Backpulver bis zur Höhe von 20 v. H. des Gesamtgewichts enthalten. Für die anorganischen Bestandteile der unter b genannten Erzeugnisse gelten die gleichen Richtlinien wie für Backpulver.

d) Künstliche Färbung ist auch ohne Kennzeichnung zulässig.

3. Vanillinpulver, Vanillinaroma, Mandelaroma und dergleichen.

a) Als Träger für Vanillin, Mandel-, Himbeer-, Zitronenaroma oder andere Aromastoffe sind Kalziumkarbonat und andere Mineralstoffe unzulässig, mit Ausnahme von Kochsalz für Vanillin, sofern das Erzeugnis als Vanillinsalz bezeichnet ist;

b) Zur Bezeichnung von Erzeugnissen, die unter Verwendung von Vanillin hergestellt sind, ist jede das Wort „Vanille" enthaltende Wortverbindung als irreführend anzusehen.

c) Vanillinpulver, Vanillinzucker, Vanillinaroma und dergleichen sollen mindestens 1 v. H. Vanillin, Vanillinsalz mindestens 2 v. H. Vanillin enthalten; Vanillinbackpulver sind nicht zuzulassen.

d) Die Verwendung von Piperonal (Heliotropin) oder Kumarin an Stelle von Vanillin für Vanillinpulver und dergleichen ist unzulässig.

4. Gewürzersatz (Gewürzpulver, Gewürzwürfel und dergleichen).

a) Gewürzersatzmittel sind nur zuzulassen, sofern sie in ihrem Würzwert nach Art und Stärke demjenigen Gewürze, das sie zu ersetzen bestimmt sind, annähernd entsprechen.

b) Nach einem bestimmten Gewürze benannte Gewürzersatzmittel dürfen nicht lediglich durch Streckung des betreffenden Gewürzes mit indifferenten Stoffen hergestellt sein.

c) Gewürzersatzmittel, die unter Verwendung auf chemischem Wege gewonnener Würzstoffe hergestellt sind, müssen als Kunsterzeugnisse gekennzeichnet sein.

d) Gewürzsalze, die unter Verwendung ätherischer Öle hergestellt sind, sind nur zuzulassen, wenn sie einen ausreichenden, der Bezeichnung entsprechenden Würzwert haben; sonstige Gewürzersatzmittel und Gewürzmischungen dürfen nicht mehr als 50 v. H. Kochsalz enthalten.

e) Der Zusatz anderer anorganischer Stoffe als Kochsalz oder zum menschlichen Genuß ungeeigneter Stoffe bei der Herstellung von Gewürzersatzmitteln und Gewürzmischungen ist unzulässig, jedoch soll der Zusatz von Strohmehl oder Spelzmehl nicht beanstandet werden; der Gehalt an Sand (in 10prozentiger Salzsäure unlöslichen Mineralstoffen) darf 2,5 v. H. des Gewichts nicht übersteigen.

5. Kunsthonig, Kunsthonigpulver, Kunsthonigessenz und dergleichen.

a) Kunsthonigpulver, Kunsthonigessenz und sonstige zur Bereitung von Kunsthonig bestimmte Erzeugnisse sind nur zuzulassen, sofern sie nach ihrer Beschaffenheit zu dem bezeichneten Zwecke geeignet sind.

b) Kunsthonig und zur Bereitung von Kunsthonig bestimmte Erzeugnisse müssen in ihrer Bezeichnung das Wort „Kunsthonig" enthalten. Bezeichnungen, in denen das Wort Honig in anderer Verbindung als Kunsthonig oder der Name einer Honigsorte oder das Wort Biene oder das Wort Extrakt vorkommt sowie Umhüllungen mit Abbildungen von Bienen, Bienenstöcken, Honigwaben oder dergleichen sind als irreführend anzusehen.

c) Zur Bereitung von Kunsthonig bestimmte Erzeugnisse dürfen von anorganischen Säuren reine, nicht stärkere als 4prozentige Salzsäure oder reine Phosphorsäure — beide auch gefärbt und aromatisiert — enthalten, sofern in der einzelnen Packung nicht wesentlich mehr Säure als die zur Überführung von 1 kg Zucker in Kunsthonig erforderliche Menge vorhanden und eine zur Verhütung mißbräuchlicher Anwendung der Säure geeignete Gebrauchsanweisung beigegeben ist; zur Überführung von 1 kg Zucker in Kunsthonig genügen 5 ccm 4prozentiger Salzsäure oder 5 ccm 25prozentiger Phosphorsäure.

d) Andere Mineralstoffe, insbesondere auch Alaun und Bisulfate, sind als Bestandteile von Kunsthonigessenz oder Kunsthonigpulver unzulässig.

6. Marmeladenpulver, Marmeladenextrakt und dergleichen.

Künstliche Erzeugnisse dieser Art sind nicht zuzulassen.

7. Geleepulver, Sülzepulver und dergleichen.

a) Unreiner Leim oder Gelatine, die den Anforderungen an Speisegelatine nicht entspricht, dürfen in Geleepulver und dergleichen nicht enthalten sein.

b) Ersatzmittel zur Bereitung von Gelee oder dergleichen, in deren Bezeichnung auf Früchte oder bestimmte Fruchtarten hingewiesen wird, müssen als Kunsterzeugnisse (z. B. „Kunstgeleepulver") gekennzeichnet sein. Sofern Früchte bei der Herstellung nicht verwendet worden sind, darf in der Bezeichnung auf Früchte gegebenenfalls nur in der Form „mit Himbeeraroma" oder dergleichen hingewiesen werden.

8. Puddingpulver, Speisepulver und dergleichen.

a) Unreiner Leim oder Gelatine, die den Anforderungen an Speisegelatine nicht entspricht, dürfen in Puddingpulver und dergleichen nicht enthalten sein.

b) Mineralstoffe, mit Ausnahme von Kochsalz, sind als Zusatz zu Puddingpulver und dergleichen unzulässig.

c) Bei Puddingpulver und dergleichen, in dessen Bezeichnung auf Früchte oder bestimmte Fruchtarten oder auf „Rote Grütze" hingewiesen wird, muß eine etwaige künstliche Färbung deutlich angegeben sein.

d) Sofern Puddingpulver oder dergleichen bei der Zubereitung im Haushalt noch einen Zusatz von Zucker erfordert, muß dies und die erforderliche Menge an Zucker in einer Gebrauchsanweisung angegeben sein.

9. Würzen, Extrakte und dergleichen.

a) Durch Abbau von Eiweiß oder eiweißähnlichen Stoffen hergestellte Erzeugnisse, die zum Würzen von Suppen, Tunken, Gemüsen bestimmt sind („Würzen"), müssen den nachstehenden Anforderungen entsprechen:

1. Zum Abbau des Eiweißes oder der eiweißähnlichen Stoffe dürfen Salzsäure und Schwefelsäure nur als technisch reine, arsenfreie Säuren verwendet sein; Kaliumverbindungen dürfen bei der Herstellung nicht verwendet sein, Kalziumverbindungen nur zur Neutralisation und Fällung von Schwefelsäure oder zur Fällung von Sulfaten, Ammoniak oder Ammoniumverbindungen nur zum Abbau, nicht aber zur Neutralisation der Säure oder als nachträglicher Zusatz.
2. In 100 g der fertigen Würze sollen, je nachdem sie in flüssiger oder pastenartiger Form in den Verkehr gebracht wird, enthalten sein:

	bei flüssiger Würze	bei pastenartiger Würze	
mindestens	18,0 g	32,0 g	organische Stoffe,
"	2,5 g	4,5 g	Gesamtstickstoff,
"	1,0 g	1,8 g	Aminosäurenstickstoff,
höchstens	23,0 g	50,0 g	Kochsalz.

Für trockene Würzen gelten die gleichen Mindestgehalte, wie für pastenartige, ihr Kochsalzgehalt soll 55 v. H. nicht übersteigen; sofern solche Würzen diesen Anforderungen nicht entsprechen, sollen sie aber den Anforderungen und Bestimmungen im § 2 der Bundesratsverordnung über Fleischbrühwürfel und deren Ersatzmittel vom 25. Oktober 1917 (RGBl. S. 969) genügen, also z. B. der Vorschrift, daß ihrer handelsüblichen Bezeichnung das Wort „Ersatz" beigefügt sein muß.

b) Durch Ausziehen pflanzlicher oder tierischer Stoffe hergestellte Erzeugnisse, die zum Würzen von Suppen, Tunken, Gemüsen bestimmt sind, aber den Anforderungen unter a 2 nicht entsprechen, dürfen nicht als „Würze" — für sich oder in Wortverbindungen — bezeichnet sein; als „Auszug" oder „Extrakt" dürfen sie nur dann bezeichnet sein, wenn zugleich der Rohstoff angegeben ist, aus dem sie durch Ausziehen hergestellt sind. Ihr Kochsalzgehalt darf den bei Würze entsprechender Form zugelassenen nicht übersteigen.

c) Würzen und Auszüge (Extrakte), die bei der Geschmacksprüfung einen unzulänglichen Würzwert aufweisen, sind nicht zuzulassen. Zur Geschmacksprüfung sind bei flüssigen Erzeugnissen 3,5 g, bei pastenartigen Erzeugnissen 2,0 g in 100 ccm warmem Wasser, gegebenenfalls unter Zusatz von Kochsalz, aufzulösen.

10. Salatwürze, Salattunke und dergleichen.

Derartige Erzeugnisse sind nur zuzulassen, wenn die Bezeichnung den deutlichen und in die Augen fallenden Zusatz „ohne Öl" enthält, und wenn im übrigen weder durch die Bezeichnung, Anpreisung oder Gebrauchsanweisung, noch durch die Aufmachung (Gefäßform, Abbildungen, Bezettelung usw.) auf Öl oder Salatöl hingewiesen wird.

11. Tee-Ersatz.

a) Tee-Ersatzmittel, die in erheblicher Menge gesundheitlich bedenkliche oder wertlose Pflanzenteile enthalten, sind nicht zuzulassen.

b) Tee-Ersatzmittel, deren Bezeichnung oder Umhüllung den Anschein zu erwecken geeignet ist, daß sie aus echtem Tee

(**Thea chinensis**) bestehen, sind als irreführend bezeichnet anzusehen.

Berlin, den 8. April 1918.

Der Staatssekretär des Kriegsernährungsamts.
von Waldow.

Bekanntmachung über die Zugehörigkeit zu den Ersatzlebensmitteln*).

Vom 8. April 1918 (Reichsanzeiger vom 10. April 1918).

Auf Grund von § 1 Abs. 2 der Verordnung über die Genehmigung von Ersatzlebensmitteln vom 7. März 1918 (RGBl. S. 113) werden folgende Grundsätze aufgestellt:

I. Ersatzlebensmittel im Sinne der Verordnung vom 7. März 1918 sind alle Lebensmittel, die dazu bestimmt sind, Nahrungs- oder Genußmittel in gewissen Eigenschaften oder Wirkungen zu ersetzen.

II. Unerheblich für die Zuordnung eines Mittels zu den Ersatzlebensmitteln im Sinne der Verordnung ist:

1. die Frage, ob und inwieweit das Mittel tatsächlich geeignet ist, ein anderes Lebensmittel zu ersetzen;

   es kann diesem in der Zusammensetzung, im Nähr- oder Genußwert, im Gehalt an den einzelnen Nähr- oder Genußstoffen mehr oder weniger nahekommen (Kunsthonig), oder es kann bei wesentlich anderer Zusammensetzung nur einzelne Eigenschaften oder Wirkungen des zu ersetzenden Lebensmittels haben (Backpulver für Hefe, Malzkaffee für Kaffee);

2. die Darbietungsform des Mittels;

   es kann dem zu ersetzenden Lebensmittel äußerlich und in der Anwendungsart mehr oder weniger ähnlich sein (Kunsthonig, Bierersatz), oder es kann auf einer anderen Stufe der Zubereitung und in einer anderen Form dem Verbraucher dargeboten werden (Kunsthonigpulver, Kunsthonigessenz, Gewürzwürfel, Tunkenpulver);

---

*) Teilweise geändert durch die (nachfolgend abgedruckte) Bekanntmachung über Ausnahmen vom 14. Juni 1918.

3. die Bezeichnung des Mittels;
   es kann ausdrücklich als „Ersatz" oder dergleichen bezeichnet sein, oder die Zweckbestimmung kann aus dem sonstigen Inhalt der Bezeichnung, aus Abbildungen, aus der Bezettelung, der Ankündigung, der Gebrauchsanweisung oder aus anderen Umständen hervorgehen; auch ein Mittel, das in der Bezeichnung und der äußeren Form dem zu ersetzenden Lebensmittel gleicht, kann als Ersatzlebensmittel gelten, wenn es in der Art und Menge der zu seiner Herstellung verwendeten Rohstoffe von dem normalen Lebensmittel abweicht;
4. die Frage der Neuheit des Mittels;
   es kann bereits in der Friedenszeit hergestellt und verwendet worden sein (Kaffee-Ersatz, Backpulver), oder es kann ein neuartiges Erzeugnis bilden (Muschelwurst, Gewürzwürfel).

III. Ausgenommen sind unvermischte Naturerzeugnisse, die ihrem Ursprung entsprechend in herkömmlicher, handelsüblicher Weise bezeichnet und nicht als Ersatz für andere Lebensmittel feilgehalten oder angepriesen werden, wie Blätter einer einzelnen Pflanzenart, z. B. Brombeerblätter (auch in zerkleinerter Form als Tee), Wildgemüse, Tapiokamehl, Wickenmehl, Robbenfleisch (auch in geräuchertem Zustande).

IV. Zu den Ersatzlebensmitteln im Sinne der Verordnung gehören danach unter anderen folgende Gruppen von Mitteln:

Fleischersatzmittel,
Würste, Sülzen und Puddinge
   aus Ziegenfleisch, Kaninchenfleisch, Geflügelfleisch, Robbenfleisch, Fischen, Muscheln, Krustentieren,
Fleischextraktersatzmittel,
Würzen,
Brühwürfel,
Sülzewürfel und -pulver,
Tunkewürfel und -pulver,
Suppen in trockener Form,
Ei-Ersatzmittel,
Butterpulver,
Kunstspeisefett,
Ersatzmittel zum Brotaufstrich,

Milchpulver mit Zusätzen,
Schlagsahneersatzmittel,
Käseersatzmittel,
Käsegeschmackmittel,
Backpulver,
Speisepulver,
Puddingpulver,
Paniermehl-Ersatzmittel,
Kunsthonig,
Pulver, Extrakte und Essenzen zur Bereitung von Kunsthonig,
Künstliche Marmeladen, Gelees und Muse,
Pulver, Extrakte und Essenzen zur Bereitung von Marmelade, Gelee oder Mus,
Künstliches Fruchtaroma in Form von Pulver oder Essenz,
Künstliche Fruchtsäfte,
Künstliche Limonaden und zu ihrer Herstellung bestimmte Gemische (Sirupe u. ähnl.),
Vanillinpulver,
Sonstige Aromapulver,
Gewürzersatzmittel,
Gestreckte Gewürze,
Gewürzwürfel,
Sogenannte Nährsalze und mit solchen zubereitete Lebensmittel,
Speiseölersatzmittel,
Salatwürzen, Salattunken,
Fertige Tunken,
Kaffee-Ersatzmittel,
Tee-Ersatzmittel,
Kakao-Ersatzmittel,
Schokoladenersatzmittel,
Extrakte, Essenzen, Würfel und Pulver zur Bereitung von Ersatzgetränken aller Art, auch von alkoholfreiem Punsch und Grog,
Bierersatzmittel,
Likörersatzmittel,
Alkoholfreie Liköre,
Rum-, Arrak- und Kognakersatzmittel,

Alkoholfreier Punsch und Grog,
Obstmostersatzmittel (Kunstmostansatz),
Gestreckte Konservierungsmittel für Lebensmittel.

Der Umstand, daß eine Ware in diesem Verzeichnis nicht aufgeführt ist, berechtigt nicht zu der Annahme, daß sie nicht zu den Ersatzlebensmitteln zu rechnen ist.

Anfragen bei Zweifeln, ob eine Ware zu den Ersatzlebensmitteln gehört, sind an das Kriegsernährungsamt Berlin zu richten.

Berlin, den 8. April 1918.

Der Staatssekretär des Kriegsernährungsamts.
von Waldow.

Bekanntmachung über Ausnahmen von der Verordnung über die Genehmigung von Ersatzlebensmitteln vom 7. März 1918 (RGBl. S. 113).

Vom 14. Juni 1918 (Reichsanzeiger vom 15. Juni 1918.)

Auf Grund des § 15 Abs. 1 der Verordnung über die Genehmigung von Ersatzlebensmitteln vom 7. März 1918 wird folgendes bestimmt:

Artikel 1.

Von den Vorschriften der Verordnung über die Genehmigung von Ersatzlebensmitteln vom 7. März 1918 — außer von den §§ 10, 11 und 16 Abs. 1 Nr. 3 und 4 — werden folgende Ersatzlebensmittel (vgl. Bekanntmachung über die Zugehörigkeit zu den Ersatzlebensmitteln vom 8. April 1918 — Deutscher Reichsanzeiger vom 10. April 1918 Nr. 84) ausgenommen):

1. Margarine und Kunstspeisefett;
2. Süßstoffe;
3. Lebensmittel, die lediglich aus dem Grunde als Ersatzlebensmittel anzusehen sind, weil bei ihrer Herstellung Zucker in reichsrechtlich zugelassener Weise durch Süßstoff ersetzt worden ist;
4. Künstliche Mineralwässer;
5. Künstliche Zitronen-, Erdbeer-, Himbeer-, Kirsch-, Johannisbeer- und Waldmeisterlimonaden und -brauselimonaden, sofern die bei ihrer Herstellung verwendeten

Ersatzlebensmittel (Grundstoffe, Aromen, Essenzen, Extrakte, Sirupe, Färbemittel usw.) von einer Ersatzmittelstelle genehmigt sind;

6. Unter Verwendung von Ersatzlebensmitteln hergestellte Kuchen, Torten und Zuckerwaren, sofern die bei ihrer Herstellung verwendeten Ersatzlebensmittel Backpulver, Schlagsahne-Ersatzmittel, Aromen, Essenzen, Sirupe usw.) von einer Ersatzmittelstelle genehmigt sind oder nach dieser Bekanntmachung von der Genehmigungspflicht ausgenommen sind;
7. Zum alsbaldigen Verzehr bestimmte küchenmäßige Zubereitungen (Kaffee-, Tee-Ersatzgetränke, Puddings, Salate, Speiseeis usw.), die unter Verwendung von Ersatzlebensmitteln hergestellt sind, sofern diese von einer Ersatzmittelstelle genehmigt sind oder nach dieser Bekanntmachung von der Genehmigungspflicht ausgenommen sind.

Artikel 2.

Bei Veräußerungen von Ersatzlebensmitteln, die in Packungen oder Behältnissen an Verbraucher abgegeben werden sollen und auf der Packung oder dem Behältnis den Namen oder die Firma und den Ort der gewerblichen Hauptniederlassung desjenigen enthalten, der die Ware hergestellt oder sie in der Verpackung unter seinem Namen oder seiner Firma in den Verkehr bringt, ist die Aushändigung einer Bescheinigung nach § 9 der Verordnung über die Genehmigung von Ersatzlebensmitteln vom 7. März 1918 nicht erforderlich, wenn auf der Packung oder dem Behältnis angegeben ist, von welcher Stelle, wann und unter welcher Nummer das Ersatzlebensmittel genehmigt ist, und zu welchem Preise die Packung abzugeben ist.

Die Vorschriften der Bekanntmachung über die äußere Kennzeichnung von Waren vom 26. Mai 1916/25. August 1916 (RGBl. S. 422, 962) und vom 5. Dezember 1917 (RGBl. S. 1093) werden durch die Bestimmung in Abs. 1 nicht berührt.

Artikel 3.

Die im § 14 Abs. 1 der Verordnung über die Genehmigung von Ersatzlebensmitteln vorgesehene Frist, innerhalb deren nicht genehmigte Ersatzlebensmittel, die sich vor dem 1. Mai

1918 bereits im Verkehr befanden, noch im Verkehr bleiben dürfen, wird bis zum 1. Oktober 1918 erstreckt.

Berlin, den 14. Juni 1918.

Der Staatssekretär des Kriegsernährungsamts.
von Waldow.

Preußische Ausführungsanweisung zur Verordnung über die Genehmigung von Ersatzmitteln vom 7. März 1918.

(Reichsanzeiger v. 15. April 1918).

A. Ersatzmittelstellen.

I. Für jede Provinz (für die Provinz Brandenburg mit Ausnahme der im Abs. 2 genannten Stadt- und Landkreise) wird eine Ersatzmittelstelle mit der Bezeichnung „Ersatzmittelstelle Ostpreußen u. s. f." errichtet. Soweit Provinzialpreisprüfungsstellen vorhanden sind, ist die Ersatzmittelstelle der Provinzialpreisprüfungsstelle anzugliedern. In den übrigen Provinzen ist die Ersatzmittelstelle vorläufig einer vom Oberpräsidenten zu bestimmenden Bezirkspreisprüfungsstelle (in Ermangelung einer solchen einer örtlichen Preisprüfungsstelle) anzuschließen. Erfolgt später die Gründung einer Provinzialpreisprüfungsstelle, so geht die Ersatzmittelstelle nach näherer Anweisung des Oberpräsidenten auf diese Stelle über.

Für die Stadtkreise Berlin, Charlottenburg, Berlin-Wilmersdorf, Berlin-Schöneberg, Berlin-Lichtenberg, Neukölln und Spandau sowie die Landkreise Teltow und Niederbarnim wird eine Ersatzmittelstelle mit der Bezeichnung „Ersatzmittelstelle Groß-Berlin" in Angliederung an die Preisprüfungsstelle Groß-Berlin errichtet.

Die Lage der Diensträume und die Briefadresse der Ersatzmittelstellen ist alsbald durch die Amts- und Kreisblätter bekanntzumachen.

II. Die Ersatzmittelstellen bestehen aus dem Vorsitzenden, einem oder mehreren stellvertretenden Vorsitzenden und einer angemessenen Anzahl von Mitgliedern. Der Vorsitzende und die stellvertretenden Vorsitzenden müssen unmittelbare oder mittelbare Staatsbeamte oder Reichsbeamte sein.

Vorsitzender der Ersatzmittelstelle ist der Vorsitzende der Preisprüfungsstelle, welcher die Ersatzmittelstelle angegliedert ist. Die stellvertretenden Vorsitzenden und die Mitglieder werden vom Oberpräsidenten — für die Ersatzmittelstelle Groß-Berlin vom Vorsitzenden der Staatlichen Verteilungsstelle für Groß-Berlin — nach Anhörung des Vorsitzenden der Ersatzmittelstelle berufen. Die Mitglieder sind der Ersatzlebensmittelindustrie, dem Groß- und Kleinhandel in Lebensmitteln und Verbraucherkreisen des Bezirks der Ersatzmittelstelle zu entnehmen. Außerdem müssen zu Mitgliedern der Ersatzmittelstelle mindestens ein Vorsteher oder stellvertretender Vorsteher einer öffentlichen Nahrungsmitteluntersuchungsanstalt des Bezirks bestellt werden.

Die Ersatzmittelstellen entscheiden einschließlich des Vorsitzenden in der Besetzung von fünf Mitgliedern, von denen je eins Vertreter der Ersatzlebensmittelindustrie, des Handels in Lebensmitteln und der Verbraucher, eins der Vorsteher oder stellvertretende Vorsteher einer öffentlichen Nahrungsmitteluntersuchungsanstalt sein soll.

Die Vorsitzenden, stellvertretenden Vorsitzenden, Mitglieder und Beauftragten der Ersatzmittelstellen sind nach § 9 der Bekanntmachung über die Errichtung von Preisprüfungsstellen und die Versorgungsregelung vom 25. September/4. November 1915 (RGBl. S. 607 und 728), vorbehaltlich der dienstlichen Berichterstattung und der Anzeige von Gesetzwidrigkeiten, verpflichtet, über die Einrichtungen und Geschäftsverhältnisse, welche durch die Ausübung ihrer Befugnisse zu ihrer Kenntnis kommen, Verschwiegenheit zu beobachten und sich der Mitteilung und Verwertung der Geschäfts- und Betriebsgeheimnisse zu enthalten. Sie sind, falls nicht bereits ihre Vereidigung auf Grund der erwähnten Vorschrift früher erfolgt ist, auf getreue Pflichterfüllung vom Oberpräsidenten (dem Vorsitzenden der Staatlichen Verteilungsstelle für Groß-Berlin) bzw. deren Vertreter zu vereidigen.

Die den Ersatzmittelstellen angehörenden Beamten werden für Dienstreisen nach den für sie maßgebenden allgemeinen Bestimmungen entschädigt. Die Mitglieder erhalten Fahrkosten und Tagegelder nach den Sätzen, die für Mitglieder der Einkommensteuer-Berufungskommissionen festgesetzt sind.

III. Die Ersatzmittelstellen sind bei der Angliederung an eine Provinzial-(Bezirks-)Preisprüfungsstelle Abteilungen einer staatlichen Behörde. Die Einnahmen und Ausgaben sind nach den für die Provinzial-(Bezirks-)Preisprüfungsstellen ergangenen Vorschriften (Erlaß vom 2. Mai 1916 IIb 4256 M. f. H. u. G. usw.) außerplanmäßig zu verrechnen.

Im Falle der Angliederung an eine kommunale Preisprüfungsstelle bilden die Ersatzmittelstellen Abteilungen einer kommunalen Behörde. Die Kosten sind von den Kommunalverbänden zu decken, welche Träger der Preisprüfungsstellen sind. Diesen Kommunalverbänden fließen anderseits auch die Einnahmen aus den Gebühren der Ersatzmittelstellen zu.

Die Anwendung des Portoablösungsvermerks für Dienstsachen ist nur den im Abs. 1, nicht aber den im Abs. 2 genannten Ersatzmittelstellen gestattet.

IV. Die Aufsicht über die Geschäftsführung der Ersatzmittelstellen führt in erster Instanz der Oberpräsident (in Groß-Berlin der Vorsitzende der Staatlichen Verteilungsstelle), in oberster Instanz der Staatskommissar für Volksernährung und der Minister des Innern gemeinschaftlich.

B. Verfahren vor den Ersatzmittelstellen.

I. Der Antrag auf Genehmigung eines Ersatzlebensmittels ist schriftlich einzureichen. Außer den im § 3 der Verordnung aufgestellten Erfordernissen muß der Antrag folgende Angaben enthalten:

1. ob und seit wann der Antragsteller eine im Handelsregister eingetragene Firma besitzt,
2. ob und welche Lebensmittel er vor dem 1. August 1914 hergestellt bzw. in den Verkehr gebracht hat,
3. ob er im Besitz einer Erlaubnis zum Handel mit Lebensmitteln auf Grund der Verordnung über den Handel mit Lebens- und Futtermitteln und zur Bekämpfung des Kettenhandels vom 24. Juni 1916 (RGBl. S. 581) ist, gegebenenfalls von welcher Stelle ihm die Erlaubnis erteilt ist,
4. ob er wegen Kettenhandels oder wegen Zuwiderhandlungen gegen die Höchstpreisverordnungen, die Verordnung gegen übermäßige Preissteigerung vom

23. Juli 1915 (RGBl. S. 467), das Nahrungsmittelgesetz vom 14. Mai 1879 und die Verordnung gegen irreführende Bezeichnung von Nahrungs- und Genußmitteln vom 26. Juni 1916 (RGBl. S. 588) bestraft ist,

5. ob ein Verfahren wegen Untersagung des Handelsbetriebes auf Grund der Verordnung zur Fernhaltung unzuverlässiger Personen vom Handel vom 23. September 1915 (RGBl. S. 603) gegen ihn schwebt oder geschwebt hat,
6. von wem er die bei der Herstellung des Ersatzlebensmittels verwandten Stoffe bezogen hat.

Dem Antrag ist ferner die Gebühr für das Genehmigungsverfahren von 50 Mark beizufügen.

II. Der Vorsitzende der Ersatzmittelstelle prüft die eingehenden Anträge daraufhin, ob sie die vorgeschriebenen Angaben enthalten. Ist dies nicht der Fall und wird der Antrag vom Antragsteller auch in einer ihm zu setzenden angemessenen Frist nicht gehörig ergänzt, so wird der Antrag durch Bescheid des Vorsitzenden als unzulässig zurückgewiesen. Der gleichen Zurückweisung unterliegen Anträge, die bei einer unzuständigen Ersatzmittelstelle angebracht sind.

III. Sofern der Vorsitzende den Antrag als vollständig und zulässig ansieht, hat er die zur Vorbereitung der Entscheidung nötigen Erhebungen anzustellen. Er ist befugt, die Vorlegung der Handelsbücher sowie eine Auskunft über die Persönlichkeit der Angestellten des Antragstellers zu verlangen. Der Vorsitzende kann die Mitglieder der Ersatzmittelstelle mit der Anstellung der Erhebungen und mit der Erstattung von Gutachten betrauen. Er kann ferner Sachverständige zu dem Antrage hören.

Vor der Zurücknahme der Genehmigung (§ 5 Abs. 3 der Verordnung) ist dem Beteiligten Gelegenheit zur Geltendmachung von Einwendungen zu gewähren.

IV. Die Ersatzmittelstellen haben sich mit einer leistungsfähigen öffentlichen Nahrungsmitteluntersuchungsanstalt oder mit mehreren Anstalten ihres Bezirks in ständiger engster Fühlung zu halten. In allen geeigneten Fällen ist von dem Vorsitzenden der Ersatzmittelstelle vor der Entscheidung über die Genehmigung eines Ersatzlebensmittels oder die Zurücknahme der Genehmigung eine Begutachtung durch eine öffentliche Untersuchungsanstalt, wenn nötig auf Grund einer eingehenden chemischen Untersuchung, zu veranlassen. Als Mitglieder der Ersatzmittelstelle sind in erster Linie die Vorsteher (stellvertretenden Vorsteher) derjenigen Untersuchungsanstalten zu berufen (A II Abs. 3), welche die Erstattung der Gutachten für die Ersatzmittelstelle übernommen haben, damit sie an den Verhandlungen und Entscheidungen der Ersatzmittelstelle mitwirken können. Die durch die Hinzuziehung der Anstalten erwachsenden Kosten sind aus den Einnahmen der Ersatzmittelstellen an Gebühren zu bestreiten.

V. Die Ersatzmittelstelle beschließt über die Anträge auf Genehmigung eines Ersatzlebensmittels und über die Zurücknahme der Genehmigung in der Regel ohne mündliche Verhandlung.

Der Vorsitzende kann anordnen, daß mündlich verhandelt wird und daß der Antragsteller zu den Verhandlungen erscheint. Ist der Antragsteller in dem zur mündlichen Verhandlung anberaumten Termin trotz rechtzeitiger Ladung nicht erschienen, so wird gleichwohl in der Sache verhandelt und beschlossen.

Die Verhandlungen der Ersatzmittelstelle sind nicht öffentlich.

Die Verhandlung beginnt mit einem Vortrag über die Sachlage, den der Vorsitzende oder ein von ihm bestimmtes Mitglied übernimmt. Der Vorsitzende ist befugt, Sachverständige zu der Verhandlung zuzuziehen.

Die Ersatzmittelstelle kann weitere Erhebungen beschließen.

Die Entscheidung erfolgt unter Berücksichtigung des gesamten Inhalts des Verfahrens. Bei der Abstimmung entscheidet Stimmenmehrheit.

Die Entscheidung ist dem Antragsteller schriftlich zuzustellen. Im Falle der Versagung oder der Zurücknahme der Genehmigung sind die Gründe kurz anzugeben, aus denen die Versagung oder Zurücknahme erfolgt ist.

C. Richtlinien für die Entscheidungen der Ersatzmittelstellen.

Nach § 5 Abs. 1 Satz 3 der Verordnung kann der Reichskanzler für die Erteilung und Versagung der Genehmigung Grundsätze aufstellen. Die Grundsätze sind durch die Bekanntmachung des Reichskanzlers vom 8. April d. J. im Reichsanzeiger veröffentlicht. Die genaue Beachtung dieser Grundsätze wird den Ersatzmittelstellen zur Pflicht gemacht.

Es wird besonders hervorgehoben, daß mit der Versagung oder der Zurücknahme der Genehmigung ein persönlicher Makel nicht verbunden zu sein braucht. Neben den Versagungsgründen, die in der Person des Antragstellers und der Beschaffenheit seines Betriebes liegen — z. B. Unzuverlässigkeit, Mangel an Sachkenntnis, Mangel an den für einen ordnungsmäßigen Gewerbebetrieb erforderlichen Einrichtungen —, kann die Versagung oder die Zurücknahme der Genehmigung auch auf Bedenken gesundheitlicher oder volkswirtschaftlicher Art gegründet sein. Das Nähere hierüber enthalten die Grundsätze des Reichskanzlers.

Die Genehmigung ist stets an die Bedingung zu knüpfen, daß

1. die im Antrage auf Erteilung der Genehmigung enthaltenen Angaben sowie die dem Antrage beigefügten Muster (§ 3 Abs. 1 Nr. 1—4 der Verordnung) dauernde Beachtung finden.
2. jeder reklameartige Hinweis auf die Genehmigung zu unterbleiben hat,
3. der Antragsteller verpflichtet ist, der Ersatzmittelstelle auf Anfordern jederzeit unentgeltlich Proben des Ersatzlebensmittels zur Vornahme einer Nachprüfung ohne Entschädigung zu übersenden und an Gebühren für die Nachprüfung der Ersatzmittelstelle, solange das Ersatzlebensmittel im Verkehr ist, eine laufende Jahresgebühr von 10 Mark zu entrichten.

Die Hinzufügung weiterer Bedingungen bleibt dem Ermessen der Ersatzmittelstelle überlassen. Erwünscht ist namentlich auch, daß einer im Mißverhältnis zum Wert des Ersatzlebensmittels stehenden Art der Packung durch zweckentsprechende Bedingungen entgegengewirkt wird.

D. Überwachung des Verkehrs mit Ersatzlebensmitteln.

I. Die Ersatzlebensmittelstellen haben sich durch regelmäßige und unvermutete Nachprüfungen zu überzeugen, ob die von ihnen genehmigten Ersatzlebensmittel entsprechend den im Genehmigungsantrag enthaltenen Angaben und den bei der Erteilung der Genehmigung aufgeführten Bedingungen hergestellt und in den Verkehr gebracht werden. Diese Nachprüfungen sind von der größten Bedeutung, wenn der mit der Verordnung angestrebte Zweck des Schutzes der Allgemeinheit gegen ungeeignete Ersatzlebensmittel wirklich erreicht werden soll. Die Ersatzmittelstellen haben daher hierauf besondere Sorgfalt zu verwenden. Die Erhebung einer laufenden Jahresgebühr für die genehmigten Ersatzlebensmittel gewährt ihnen die Möglichkeit, Beauftragte zur Überwachung der Herstellung und des Vertriebs dieser Ersatzlebensmittel in ausreichender Zahl anzustellen und häufiger zu wiederholende chemische Untersuchungen von Proben zu veranlassen. Alle Zuwiderhandlungen sind unnachsichtlich zu verfolgen.

II. Darüber hinaus haben die Ersatzmittelstellen in ihrem Bezirk auch den Verkehr mit denjenigen Ersatzlebensmitteln, welche nicht von ihnen genehmigt sind, sorgfältig zu überwachen und Verletzungen der Verordnung zur Kenntnis der zuständigen Ersatzmittelstelle und gegebenenfalls zur Strafverfolgung zu bringen.

III. Die Polizeibehörden werden beauftragt, die Ersatzmittelstellen bei der Überwachung des Verkehrs mit Ersatzlebensmitteln zu unterstützen und von den Befugnissen der §§ 9 und 10 der Verordnung in möglichst weitem Umfange Gebrauch zu machen. Die etwa festgestellten Zuwiderhandlungen gegen die Verordnung sind stets auch der für den Bezirk zuständigen Ersatzmittelstelle anzuzeigen.

E. Beschwerdeverfahren.

I. Gegen die Versagung und Zurücknahme der Genehmigung eines Ersatzlebensmittels findet innerhalb einer Frist von 4 Wochen nach Zustellung der Entscheidung Beschwerde an den „Beschwerdeausschuß für Ersatzmittel in Berlin" statt.

Der Beschwerdeausschuß wird der Staatlichen Nahrungsmitteluntersuchungsanstalt in Berlin C 25, Alexanderstr. 3/6, angeschlossen. Vorsitzender des Beschwerdeausschusses ist der Vorsteher dieser Anstalt, stellvertretender Vorsitzender sein Vertreter. Zu Mitgliedern des Beschwerdeausschusses werden

Vertreter der Ersatzlebensmittelindustrie, des Groß- und Kleinhandels in Lebensmitteln und der Verbraucher durch den Staatskommissar für Volksernährung und den Minister des Innern ernannt.

Der Beschwerdeausschuß entscheidet einschließlich des Vorsitzenden in der Besetzung von fünf Mitgliedern, von denen zwei Vertreter der Ersatzlebensmittelindustrie und des Handels in Lebensmitteln, die beiden anderen Vertreter der Verbraucher sein sollen.

Der Vorsitzende, der stellvertretende Vorsitzende und die Mitglieder des Beschwerdeausschusses sind, vorbehaltlich der dienstlichen Berichterstattung und der Anzeige von Gesetzwidrigkeiten, verpflichtet, über die Einrichtungen und Geschäftsverhältnisse, welche durch die Ausübung ihrer Befugnisse zu ihrer Kenntnis kommen, Verschwiegenheit zu beobachten und sich der Mitteilung und Verwertung der Geschäfts- und Betriebsgeheimnisse zu enthalten. Die Mitglieder sind vom Vorsitzenden bzw. seinem Vertreter auf getreue Pflichterfüllung zu vereidigen.

Die dem Beschwerdeausschuß angehörenden Beamten werden für Dienstreisen nach den für sie maßgebenden allgemeinen Bestimmungen entschädigt. Die Mitglieder erhalten für die Teilnahme an den Sitzungen eine Aufwandsentschädigung von täglich 20 Mark, außerdem Ersatz der baren Auslagen an Fahrkosten.

Die Einnahmen und Ausgaben des Beschwerdeausschusses sind bei der Staatlichen Nahrungsmitteluntersuchungsanstalt außerplanmäßig zu verrechnen.

II. Die Beschwerde ist bei dem Beschwerdeausschuß unmittelbar schriftlich einzureichen. Sie muß die Gründe bezeichnen, aus welchen die Entscheidung der Ersatzmittelstelle angefochten wird. Eine Abschrift des Antrages an die Ersatzmittelstelle bzw. der gegen die Zurücknahme der Genehmigung erhobenen Einwendungen sowie ein zur Untersuchung geeignetes Muster des Ersatzlebensmittels in der für den Kleinverkauf vorgesehenen Packung mit Bezettelung, Gebrauchsanweisung und Ankündigungsentwurf (§ 3 Abs. 1 Nr. 4 der Verordnung) ist beizufügen. Gleichzeitig mit der Einreichung der Beschwerde ist die Beschwerdegebühr von 100 Mark einzuzahlen.

Auf das Beschwerdeverfahren finden im übrigen die Bestimmungen über das Verfahren vor den Ersatzmittelstellen (B II—V) Anwendung. Bei Versäumung der Beschwerdefrist wird die Beschwerde durch Bescheid des Vorsitzenden des Beschwerdeausschusses zurückgewiesen. In klar liegenden Fällen kann schriftliche Abstimmung erfolgen, sofern nicht von einem Mitgliede Widerspruch erhoben wird. Eine Rückzahlung der Beschwerdegebühr findet in keinem Falle statt.

Die Ersatzmittelstellen haben dem Beschwerdeausschuß und seinem Vorsitzenden auf Verlangen Auskunft zu erteilen und ihre Akten einzureichen.

F. Einzelbestimmungen.

Zu § 1 Abs. 2:

Die Grundsätze sind im Reichsanzeiger veröffentlicht.

Zu § 8 Abs. 1:

Die Ersatzmittelstellen und der Beschwerdeausschuß für Ersatzmittel haben ihre Entscheidungen mit größter Beschleunigung dem Kriegsernährungsamt (Ersatzmittelstelle) in Berlin mitzuteilen, damit die Möglichkeit gegeben ist, auf Anfragen, ob ein Mittel genehmigt oder abgelehnt oder ob die Genehmigung zurückgezogen ist, sofort Auskunft zu geben.

Besonders wichtig ist die schleunige Mitteilung der Zurücknahme von erteilten Genehmigungen, da der Handel von der veränderten Sachlage unverzüglich in Kenntnis gesetzt werden muß. Das Kriegsernährungsamt beabsichtigt, eine Liste der zurückgenommenen Genehmigungen zu veröffentlichen und in kurzen Fristen laufend zu ergänzen.

Zu § 9:

Die Bescheinigung kann mit der Rechnung verbunden werden. Ein entsprechender Vermerk auf der Rechnung ist mithin als genügend anzusehen.

Zu § 12:

In Betracht kommen namentlich die von den Kriegsgesellschaften hergestellten oder in den Verkehr gebrachten Ersatzlebensmittel. Für diese Gegenstände war schon zur Sicherung der erforderlichen Einheitlichkeit in der Beurteilung eine

Sonderregelung notwendig. Sie sind daher von der Zuständigkeit der Ersatzmittelstellen und des Beschwerdeausschusses für Ersatzmittel ausgenommen.

Zu § 13 der Verordnung:

Eine Ausdehnung der Vorschriften der Verordnung auf Ersatzmittel für andere Gegenstände des täglichen Bedarfs wird zurzeit nicht beabsichtigt.

G. Übergangsbestimmungen.

Für die am 1. Mai 1918 noch nicht im Verkehr befindlichen Ersatzlebensmittel ist der Antrag auf Genehmigung lediglich bei der nach § 4 der Verordnung zuständigen Ersatzmittelstelle zu stellen.

Für die an dem genannten Tage bereits im Verkehr befindlichen Ersatzlebensmittel gilt folgendes:

Der Antrag des Eigentümers gemäß § 14 Abs. 2 der Verordnung ist an eine derjenigen Ersatzmittelstellen zu richten, in deren Bezirk der Eigentümer die Ware vertreiben will.

Die auf Grund der bisherigen landesrechtlichen Bestimmungen in anderen Bundesstaaten erteilte Genehmigung eines Ersatzlebensmittels gilt als Genehmigung im Sinne der Verordnung, sofern zur Erteiligung der Genehmigung nach der Verordnung die Ersatzmittelstelle des betreffenden Bundesstaats zuständig ist.

Im übrigen wird den Ersatzmittelstellen empfohlen, zur Vermeidung einer Überlastung während der Übergangszeit die früher von preußischen oder nichtpreußischen behördlichen Stellen geprüften und genehmigten Ersatzlebensmittel zunächst für kürzere Frist ohne genaue Untersuchung weiter zuzulassen, falls nicht besondere Bedenken entgegenstehen, oder die endgültige Entscheidung erst später zu treffen.

Sofern in einzelnen Kommunalverbänden, in denen eine Genehmigungs- oder Anzeigepflicht für Ersatzlebensmittel schon bestand, nach den bisherigen Bestimmungen ein Ersatzlebensmittel abgelehnt worden ist, gilt diese Ablehnung solange, bis eine nach der Verordnung zuständige Stelle auf Grund der neuen Bestimmungen das betreffende Ersatzlebensmittel ordnungsmäßig zugelassen hat.

H. Inkrafttreten der Ausführungsanweisung.

Diese Ausführungsanweisung tritt am 1. Mai 1918 in Kraft. Sie gilt für das Staatsgebiet mit Ausnahme der Hohenzollernschen Lande, für welche eine besondere Regelung vorbehalten bleibt.

Mit der Bildung und Einrichtung der Ersatzmittelstellen ist unverzüglich zu beginnen. Die Ersatzmittelstellen haben Anträge auf Genehmigung von Ersatzlebensmitteln schon vor dem 1. Mai entgegenzunehmen und in die Prüfung der Anträge alsbald einzutreten, damit die Entscheidung möglichst rasch erfolgen kann.

Berlin, den 9. April 1918.

Der Staatskommissar für Volksernährung. von Waldow.	Der Minister des Innern. J. A.: Freund.

Anm. Die Hohenzollernschen Lande sind der württembergischen Ersatzmittelstelle angegliedert. (W.A. § 3.)

Weitere Preußische Übergangsbestimmung zur Verordnung des Bundesrats über die Genehmigung von Ersatzlebensmitteln vom 7. März 1918 (RGBl. S. 113).

(Reichsanzeiger vom 19. April 1918).

Mit Zustimmung des Herrn Reichskanzlers bestimmen wir für das Königreich Preußen auf Grund des § 15 der obengenannten Verordnung, daß die gewerbsmäßige Herstellung von Ersatzlebensmitteln in der Zeit vom 1. bis 31. Mai 1918 solange noch ohne Genehmigung erfolgen darf, als eine Entscheidung der betreffenden Ersatzlebensmittel nicht herbeigeführt werden konnte. Jedoch dürfen die ohne Genehmigung hergestellten Ersatzlebensmittel erst angeboten, feilgehalten, verkauft oder sonst in den Verkehr gebracht werden, wenn sie genehmigt worden sind. Sie sind daher einstweilen von den Fabrikanten auf Lager zu nehmen.

Wir weisen ausdrücklich darauf hin, daß die Gefahr der Herstellung von Ersatzlebensmitteln während der Übergangsfrist ohne Genehmigung die Fabrikanten trifft. Die Herstellung noch nicht genehmigter Ersatzlebensmittel nach Abs. 1 begründet keinen Anspruch auf die demnächstige Erlangung der Genehmigung. Den Fabrikanten von Ersatzlebensmitteln wird daher dringend empfohlen, unter Beachtung der im „Deutschen Reichsanzeiger" veröffentlichten Bekanntmachung des Herrn Reichskanzlers vom 8. April d. J. über die Grundsätze für die Erteilung und Versagung der Genehmigung von Ersatzlebensmitteln zu prüfen, ob sie voraussichtlich auf die Genehmigung rechnen können.

Berlin, den 18. April 1918.

Der Staatskommissar für Volksernährung.
von Waldow.

Der Minister des Innern.
J. A.: von Jarotzky.

Verfügung des Königl. Württembergischen Ministeriums des Innern über die Genehmigung von Ersatzmitteln.

(Staatsanzeiger für Württemberg Nr. 116 S. 10 vom 21. Mai 1918.)

Zur Ausführung der Bundesratsverordnung vom 7. März 1918 über die Genehmigung von Ersatzlebensmitteln (RGBl. S. 113) wird verfügt:

§ 1. Landeszentralbehörde im Sinne der Verordnung ist das Ministerium des Innern.

§ 2. 1. Die Vorschriften der Verordnung werden auf Grund des § 13 Satz 2 derselben auf Ersatzmittel für sämtliche Gegenstände des täglichen Bedarfs ausgedehnt, soweit nicht § 15 dieser Verfügung Abweichendes bestimmt.

2. Die von der Ersatzmittelstelle auf Grund der Ausdehnung in Abs. 1 erteilte Genehmigung gilt für Württemberg und Hohenzollern.

§ 3. (Zu § 2 der Verordnung.)

1. Die Geschäfte der Ersatzmittelstelle für Württemberg werden von der württembergischen Landespreisstelle wahrgenommen.

2. Ihre Tätigkeit erstreckt sich auf Grund Vereinbarung mit der Kgl. Preußischen Regierung auch auf die Hohenzollernschen Lande.

(3) Die in dieser Verfügung der Landespreisstelle übertragenen Befugnisse werden durch ihren Vorsitzenden ausgeübt.

§ 4. (Zu § 3 der Verordnung.)

(1) Der Antrag auf Genehmigung eines Ersatzmittels im Sinne der Verordnung und dieser Verfügung ist schriftlich bei der württembergischen Landespreisstelle einzureichen.

(2) Der Antrag muß außer den in § 3 Abs. 1 Ziff. 1–3 der Verordnung aufgestellten Erfordernissen folgende Angaben enthalten:

1. Namen, Beruf und Wohnort des Herstellers, sowie Herstellungsort,
2. wirtschaftliche Zweckbestimmung des Ersatzmittels, insbesondere die Bezeichnung der Gegenstände, die das Ersatzmittel zu ersetzen bestimmt ist.

(3) Dem Antrag sind ferner beizufügen:

1. in Urschrift oder beglaubigter Abschrift ein etwa schon eingeholtes Gutachten eines vereidigten Chemikers über die genaue chemische Zusammensetzung, sowie über die Gebrauchs- und Verkehrsfähigkeit des Ersatzmittels,
2. mindestens 3 Stücke des betreffenden Ersatzmittels, in der für den Kleinverkauf vorgesehenen Packung, bei Erzeugnissen in loser Form mindestens 200 g, bei Fleischbrühersatzwürfeln mindestens 20 Stück mit Bezettelung, Gebrauchsanweisung und Ankündigungsentwürfen,
3. beim Handel mit Lebens- und Futtermitteln der Nachweis darüber, daß der Antragsteller zu diesem Handel gemäß der Bundesratsverordnung über den Verkehr mit Lebens- und Futtermitteln und die Bekämpfung des Kettenhandels vom 24. Juni 1916 (RGBl. S. 581) zugelassen ist,
4. eine Anmeldegebühr von 20 Mark zur Deckung der allgemeinen Kosten des Verfahrens.

§ 5. (Zu § 5, § 6, § 7 und § 15 der Verordnung.)

(1) Die Landespreisstelle ist befugt, Ersatzmittel auf ihre Zusammensetzung und Gebrauchsfähigkeit und die Angemessen-

heit des Preises, insbesondere nach den vom Reichskanzler erlassenen Grundsätzen über die Bedingungen der Erteilung und Versagung der Genehmigung (Reichsanzeiger Nr. 84 vom 10. April 1918), erforderlichenfalls durch ihr geeignet erscheinende sachverständige Stellen prüfen zu lassen.

(2) Die Prüfung erstreckt sich auch auf die vom Antragsteller zur Herstellung eines Ersatzmittels bezogenen Bestandteile (Grundstoffe u. dgl.). Die Hersteller und Lieferer dieser Bestandteile sind verpflichtet, der Landespreisstelle auf Verlangen die zur Prüfung erforderlichen Einzelheiten anzugeben.

§ 6. Die Landespreisstelle ist weiter befugt, die Einhaltung besonderer Bedingungen bei der Ankündigung und dem Vertrieb eines Ersatzmittels, insbesondere hinsichtlich der Bezeichnung des Ersatzmittels, der Fassung der Ankündigung, der Anbringung der ihr erforderlich erscheinenden Angaben auf der Packung und des Preises zu verlangen und bei Nichteinhaltung der Bedingungen die Genehmigung jederzeit zurückzunehmen.

§ 7. (1) Die Genehmigung des Vertriebs eines Ersatzmittels, die Versagung der Genehmigung und die Zurücknahme der erteilten Genehmigung erfolgt durch schriftlichen Bescheid. Die Genehmigung und die Zurücknahme werden im Staatsanzeiger für Württemberg veröffentlicht.

(2) Der Bescheid wird dem Antragsteller zugestellt. Mit der Zustellung wird der Bescheid gegenüber dem Antragsteller, mit der Veröffentlichung im Staatsanzeiger gegen jedermann wirksam.

(3) Gegen den Bescheid ist Beschwerde an das Ministerium des Innern in Stuttgart zulässig, dessen Entscheidung endgültig ist. Die Beschwerde hat keine aufschiebende Wirkung; sie ist binnen einer Woche, vom Tage der Zustellung des Bescheids ab gerechnet, bei der Landespreisstelle oder beim Ministerium des Innern einzureichen.

§ 8. (1) Bei den genehmigten Ersatzmitteln ist auf den Packungen und Anpreisungen ein Vermerk in nicht auffälliger Schrift mit folgendem Inhalt anzubringen: Genehmigt von der württembergischen Landespreisstelle am .... unter Nr. ....

(2) Jeder weitere reklameartige Hinweis auf die erteilte Genehmigung ist unzulässig.

§ 9. (1) Der Antragsteller hat für die Erteilung oder Versagung der Genehmigung durch die Landespreisstelle eine Gebühr bis zu 30 Mark zu entrichten.

(2) Etwaige Auslagen des Prüfungsverfahrens wie z. B. für chemische Gutachten, Reisekosten und Taggelder zur Besichtigung der Fabrik, Entnahme von Proben usw. fallen dem Antragsteller zur Last und sind besonders zu entrichten.

(3) Der Antragsteller ist ferner verpflichtet, der Landespreisstelle auf Anfordern jederzeit unentgeltlich Proben des Ersatzmittels zur Vornahme einer Nachprüfung ohne Entschädigung zu übersenden und an Gebühren für die Nachprüfung der Landespreisstelle, solange das Ersatzmittel im Verkehr ist, eine laufende Jahresgebühr von 10 Mark zu entrichten, die erstmals für das auf das Genehmigungsjahr folgende Kalenderjahr fällig wird.

§ 10. Die Polizeibehörden und die örtlichen Preisprüfungsstellen haben den Verkehr mit Ersatzmitteln zu überwachen, insbesondere dahin, daß ein durch die Landespreisstelle untersagtes Ersatzmittel nicht gehandelt, der genehmigte Verkaufspreis nicht überschritten, sonst auferlegte Bedingungen eingehalten werden und die Zusammensetzung oder Bezeichnung nicht geändert wird.

§ 11. Wer Ersatzmittel feilhält oder verkauft, hat über seinen Verkehr mit diesen Gegenständen Buch zu führen. Aus der Buchführung muß zu ersehen sein, ob das Ersatzmittel im eigenen Betrieb hergestellt oder von wem und in welcher Menge es bezogen wurde, wann der Bezug stattgefunden hat und welcher Preis beim Bezug bezahlt wurde. Ferner muß die Buchführung, soweit es sich nicht um den Verkauf in offenen Verkaufsstellen handelt, Aufschluß über den Absatz nach Tag, Abnehmer und Verkaufspreis geben. Die Einträge müssen wahrheitsgemäß sein.

§ 12. (Zu § 9 der Verordnung.)

Die Bescheinigung kann mit den für den Erwerber bestimmten Angeboten, Lieferscheinen und Rechnungen verbunden werden. Ein entsprechender Vermerk auf diesen Papieren ist als genügend anzusehen.

§ 13. (Zu § 13 und § 15 der Verordnung.)

(1) Wer Ersatzmittel im Sinne der Verordnung und dieser Verfügung zum Zweck des Weitervertriebs in Württemberg und Hohenzollern einführt, ist verpflichtet, sie binnen 3 Tagen nach Empfang der Ware unter Angabe der genauen Bezeichnung des Mittels, des Herstellers, des Herstellungsortes und des Preises, sowie unter Vorlage einer Bescheinigung gemäß § 12 dieser Verfügung der Landespreisstelle anzuzeigen.

(2) Ersatzmittel für Gegenstände des täglichen Bedarfs, die nach den am Ort ihrer Herstellung geltenden Vorschriften einer Genehmigungspflicht im Sinne der Verordnung nicht unterliegen, bedürfen, wenn sie in Württemberg oder Hohenzollern in den Verkehr gebracht werden sollen, der Genehmigung der württembergischen Landespreisstelle. Der Antrag auf Genehmigung ist von dem das Ersatzmittel in Württemberg oder Hohenzollern Einführenden zu stellen.

§ 14. (Zu § 14 der Verordnung.)

(1) In Württemberg hergestellte Ersatzmittel, die vor Inkrafttreten der Verordnung bei der württembergischen Landespreisstelle angemeldet und nicht beanstandet worden sind, dürfen bis auf weiteres bis einschließlich 30. Juni 1918 im Verkehr bleiben. Sie bedürfen eines Vermerkes im Sinne des § 8 dieser Verfügung zunächst bis 30. Juni 1918 nicht, spätestens bis zu diesem Zeitpunkt ist aber bei der württembergischen Landespreisstelle ein Gesuch um Erteilung eines Genehmigungsvermerks einzureichen.

(2) Alle übrigen von der württembergischen Landespreisstelle zum Vertrieb in Württemberg zugelassenen Ersatzmittel, deren Herstellung in einem anderen Bundesstaat erfolgt, dürfen nur bis 30. Juni 1918 im Verkehr bleiben. Für ihren Vertrieb ab 1. Juli 1918 ist die Entscheidung der nach der Verordnung zuständigen Ersatzmittelstelle maßgebend.

§ 15. Soweit Wasch- und Reinigungsmittel der Genehmigung des Kriegsausschusses für pflanzliche und tierische Öle und Fette in Berlin unterliegen, ist die Inverkehrsetzung erst nach Vorlage der Genehmigungsurkunde des Kriegsausschusses in Urschrift oder amtlich beglaubigter Abschrift an die württembergische Landespreisstelle zulässig.

§ 16. (Zu § 16 der Verordnung.)

(1) Mit Gefängnis bis zu einem Jahr und mit Geldstrafe bis zu zehntausend Mark oder mit einer dieser Strafen wird bestraft, wer den Vorschriften dieser Verfügung zuwiderhandelt.

(2) Neben der Strafe kann auf Einziehung der Gegenstände erkannt werden, auf die sich die strafbare Handlung bezieht, ohne Unterschied, ob sie dem Täter gehören oder nicht.

§ 17. (Zu § 17 der Verordnung.)

Diese Verfügung tritt am 1. Mai in Kraft. Mit dem gleichen Tag tritt die Verfügung des Ministeriums des Innern vom 16. Februar 1917 (Staatsanzeiger Nr. 41) über Ersatzmittel außer Wirksamkeit.

Stuttgart, den 16. Mai 1918.

Für den Staatsminister.
Haag.

Ausführungsverordnung des Königl. Sächsischen Ministeriums des Innern zur Verordnung des Bundesrats über die Genehmigung von Ersatzmitteln vom 7. März 1918 (RGBl. S. 113).

Vom 20. April 1918. (Nr. 91 der Sächsischen Staatszeitung vom 20. April 1918.)

§ 1. Zu § 2 der Bundesratsverordnung.

Ersatzmittelstelle im Sinne der Bundesratsverordnung ist die durch Verordnung des Ministeriums des Innern vom 20. März 1917 und 22. September 1917 errichtete

Ersatzmittelstelle für das Königreich Sachsen.

Die Ersatzmittelstelle ist eine selbständige Behörde und untersteht der Aufsicht des Ministeriums des Innern. Sie wird sich bei Prüfung der Ersatzmittel der Mitwirkung der staatlichen und städtischen chemischen Untersuchungsämter sowie der vereidigten Nahrungsmittelchemiker Sachsens bedienen.

§ 2. Zu § 3 der Bundesratsverordnung.

Der Antrag ist für jedes Ersatzmittel gesondert nach dem dieser Verordnung beigefügten Vordruck zu stellen.

Die dem Antrage beizufügenden Muster sind in je 6 Stücken einzureichen.

Die Ersatzmittelstelle ist berechtigt, weitere Muster, Unterlagen und Auskünfte vom Antragsteller einzufordern oder solche anderweit beizuziehen.

Die Prüfung erstreckt sich auch auf die vom Antragsteller zur Herstellung eines Ersatzmittels bezogenen Bestandteile. Die Hersteller dieser Bestandteile sind verpflichtet, der Ersatzmittelstelle auf Verlangen die zur Prüfung erforderlichen Einzelheiten anzugeben.

Für jeden Antrag ist bei der Kasse der Ersatzmittelstelle (Postscheckkonto der Gebührenkasse des Königlichen Ministeriums des Innern, Postscheckkonto Leipzig Nr. 29370) ein Kostenvorschuß von 50 Mark einzuzahlen.

§ 3. Zur Beurteilung der Frage, welche Gegenstände als Ersatzlebensmittel im Sinne der Bundesratsverordnung anzusehen sind, wird auf die Bekanntmachung des Reichskanzlers vom 8. April 1918 (veröffentlicht im Reichsanzeiger vom 10. April 1918) verwiesen.

Die Ersatzmittelstelle ist befugt, den Hersteller, oder bei solchen Waren, die aus dem Auslande eingeführt werden, den Einführenden zur Einreichung des Antrages auf Genehmigung (§ 2) und zur Einzahlung des Kostenvorschusses aufzufordern, auch wenn der Aufgeforderte bestreitet, daß die Ware der Genehmigungspflicht unterliege. Wird der Aufforderung nicht fristgemäß Folge gegeben, so kann die Ersatzmittelstelle ohne weitere Prüfung die gewerbsmäßige Herstellung und den Vertrieb der Ware untersagen.

§ 4. Zu § 5 der Bundesratsverordnung.

Auf die vom Reichskanzler aufgestellten Richtlinien für die Erteilung und Versagung der Genehmigung vom 8. April 1918 (veröffentlicht im Reichsanzeiger vom 10. April 1918) wird verwiesen. Außer aus den unter A dieser Richtlinien angegebenen allgemeinen Gründen kann die Genehmigung auch versagt werden, wenn der Hersteller nach dem Ermessen der Ersatzmittelstelle keine genügende Gewähr dafür bietet, daß die Zusammensetzung des Ersatzmittels nicht verändert oder die Beschaffenheit der verwendeten Stoffe nicht schlechter wird, oder daß die in bezug auf den Vertrieb, die Bezeichnung und die Verpackung gestellten Bedingungen oder die hierfür bestehenden Vorschriften nicht eingehalten werden.

§ 5. Die Erteilung oder Versagung der Genehmigung erfolgt durch schriftlichen Bescheid und zwar mittels Einschreibsendung, soweit nicht die Behändigung durch die Gemeinde- oder untere Verwaltungsbehörde geschieht.

Der Genehmigungsbescheid hat die in § 9 der Bundesratsverordnung vorgesehenen Angaben zu enthalten.

Die Versagung sowie die Genehmigung unter einschränkenden Bedingungen ist mit Gründen zu versehen und hat einen Hinweis auf das Beschwerderecht und die Beschwerdefrist zu enthalten.

§ 6. Zu § 6 und 7 der Bundesratsverordnung.

Auf Beschwerden gegen die Entschließungen der Ersatzmittelstelle entscheidet das Ministerium des Innern.

Die Beschwerde ist binnen 14 Tagen nach Eröffnung der Entscheidung der Ersatzmittelstelle bei der letzteren mit Begründung einzureichen.

§ 7. Zu § 9 der Bundesratsverordnung.

Die Aushändigung der vorgeschriebenen Bescheinigung kann durch Übersendung einer Rechnung erfolgen, welche die erforderten Angaben enthält, wenn die Rechnung gleichzeitig mit der Ware übersendet wird.

§ 8. Zu § 10 der Bundesratsverordnung.

Die Angestellten und Beauftragten des Kriegswucheramtes gelten als Beauftragte der Ersatzmittelstelle im Sinne der Bestimmung in § 10 der Bundesratsverordnung.

§ 9. Zu § 14 der Bundesratsverordnung.

Im Königreich Sachsen hergestellte oder aus dem Auslande unmittelbar nach dem Königreich Sachsen eingeführte Ersatzlebensmittel, die vor Inkrafttreten dieser Verordnung von der Ersatzmittelstelle des Königreichs Sachsen bereits genehmigt worden sind, gelten als im Sinne der Bundesratsverordnung mit Gültigkeit für das ganze Reichsgebiet genehmigt.

Der Ersatzmittelstelle bleibt jedoch vorbehalten, die bisher erteilten Genehmigungen außer in den Fällen des § 5 Abs. 3 der Bundesratsverordnung auch zurückzunehmen, soweit sie mit den vom Reichskanzler für die Erteilung und Versagung der Genehmigung aufgestellten Richtlinien (§ 4 Abs. 1 dieser Verordnung) in Widerspruch stehen.

Für alle übrigen nicht im Königreich Sachsen hergestellten oder unmittelbar dahin aus dem Auslande eingeführten Ersatzlebensmittel werden die bisher erteilten Genehmigungen mit dem 1. Juli 1918 ungültig.

Ersatzlebensmittel, die im Königreiche Sachsen nach den bisher gültigen Bestimmungen nicht gewerbsmäßig hergestellt oder vertrieben werden dürfen, bleiben auch während der in § 14 Abs. 1 der Bundesratsverordnung vorgesehenen Übergangsfrist (1. Mai bis 1. Juli 1918) von der gewerbsmäßigen Herstellung und vom Verkehr in Sachsen ausgeschlossen, wenn sie nicht nach den Vorschriften der Bundesratsverordnung Genehmigung gefunden haben.

§ 10. Auf der Umhüllung des Ersatzlebensmittels ist unbeschadet weitergehender sonstiger reichsgesetzlicher Bestimmungen der Kleinverkaufspreis und das Nettogewicht anzubringen.

Die Anbringung von Vermerken über die Genehmigung der Ersatzmittelstelle auf der Verpackung sowie deren Angabe auf Anzeigen und Plakaten ebenso wie jede Verwertung der Genehmigung zu Reklamezwecken ist untersagt.

§ 11. Die Gebühren und Auslagen (Kosten) des Verfahrens von der Ersatzmittelstelle fallen dem Antragsteller oder demjenigen zur Last, der zur Stellung des Antrages verpflichtet gewesen wäre.

Ergibt im Falle von § 3 dieser Verordnung die Untersuchung, daß das Mittel nicht genehmigungspflichtig ist, so fallen die Kosten der Staatskasse zur Last. Der eingezahlte Vorschuß ist zurückzugeben.

Bei unbegründeten Beschwerden trifft die Kostenpflicht den Beschwerdeführer. Wird die Beschwerde teilweise beachtet, so fällt dem Beschwerdeführer nur ein entsprechender Teil der Kosten zur Last.

§ 12. An Gebühren werden erhoben:

a) für die Erteilung oder Versagung der Genehmigung einschließlich des Prüfungsverfahrens sowie den Widerruf der Genehmigung 10—50 Mark,

b) für die Entscheidung im Beschwerdeverfahren 20 bis 100 Mark,

c) für die laufende Überwachung des Verkehrs und der Herstellung der genehmigten Ersatzlebensmittel seitens der Ersatzmittelstelle einschließlich der hierdurch erwachsenen baren Auslagen für jede erteilte Genehmigung jährlich 10 Mark.

Die Gebühr unter c (Überwachungsgebühr) ist für das erste Jahr mit der Erteilung der Genehmigung, für jedes folgende Jahr im voraus fällig. Sie wird solange erhoben, als nicht der Inhaber der Genehmigung auf die erteilte Genehmigung verzichtet und das genehmigte Ersatzlebensmittel nachweislich nicht mehr herstellt oder vertreibt. Bei Nichtzahlung der Gebühr trotz Aufforderung durch die Ersatzmittelstelle kann die Genehmigung widerrufen werden.

§ 13. Zu § 13 der Bundesratsverordnung.

Die Bestimmungen der Bundesratsverordnung sowie der vorstehenden Ausführungsverordnung werden auf sämtliche Gegenstände des täglichen Bedarfs ausgedehnt.

Was in der Bundesratsverordnung, in den vom Reichskanzler aufgestellten Richtlinien (vgl. oben § 4 Abs. 1), sowie in dieser Ausführungsverordnung von Ersatzlebensmitteln gesagt ist, gilt entsprechend von Ersatzmitteln des täglichen Bedarfs mit folgender Ausnahme:

Außerhalb Sachsens hergestellte Ersatzmittel, die nach den am Orte ihrer Herstellung geltenden Vorschriften einer Genehmigungspflicht im Sinne der Bundesratsverordnung nicht unterliegen, sind für den Vertrieb innerhalb des Königreichs Sachsen besonders zuzulassen. Zum Antrage auf Zulassung verpflichtet ist der Hersteller, wenn er das Ersatzmittel unmittelbar an sächsische Kleinhändler oder Verbraucher liefert oder geliefert hat, in allen übrigen Fällen der Großhändler, Zwischenhändler, Agent oder Kommissionär. Mehreren zur Anmeldung Verpflichteten bleibt zur Vermeidung verschiedener Anträge unbenommen, sich über die Person des Antragstellers zu einigen. Der Antrag kann auch von anderen Beteiligten gestellt werden, insbesondere vom Kleinhändler.

Die auf solche Anträge erteilte Genehmigung gilt nur für das Gebiet des Königreichs Sachsen.

Bereits vor Inkrafttreten dieser Verordnung erteilte Genehmigungen für solche Ersatzmittel behalten ihre Gültigkeit.

§ 14. Diese Verordnung tritt am 1. Mai 1918 in Kraft. Mit dem gleichen Zeitpunkte wird

die Verordnung des Ministeriums des Innern über die Regelung des Handels mit Ersatzmitteln vom 20. März 1917 (Sächsische Staatszeitung Nr. 69 vom 24. März 1917),

die weitere Verordnung des Ministeriums des Innern zur Abänderung dieser Verordnung vom 22. September 1917 (Sächsische Staatszeitung Nr. 221 vom 22. September 1917), sowie

die auf Grund von § 2 der erstgenannten Verordnung vom 20. März 1917 erlassene Verordnung des Ministeriums des Innern vom 1. Februar 1918 — Nr. 209 II E. St. — (Sächsische Staatszeitung Nr. 31 vom 6. Februar 1918)

aufgehoben.

Auf am 1. Mai 1918 bei der Ersatzmittelstelle anhängige Genehmigungsverfahren finden von da ab die Bestimmungen der neuen Verordnung Anwendung.

Dresden, den 20. April 1918.

Ministerium des Innern.

Zu der in Nr. 91 der Sächsischen Staatszeitung vom 20. April 1918 abgedruckten Ausführungsverordnung zur Verordnung des Bundesrats über die Genehmigung von Ersatzlebensmitteln vom 7. März 1918 wird nachstehend der in § 2 Abs. 1 erwähnte Vordruck veröffentlicht.

Dresden, den 23. April 1918. 333 II B VIa

(Sächsische Staatszeitung Nr. 94 vom 24. April 1918.)

Ministerium des Innern.

Genehmigungsantrag

für den Handel mit nachstehendem Ersatzmittel für einen Gegenstand des täglichen Bedarfs gemäß der Bundesratsverordnung vom 7. März 1918 und der Sächsischen Ausführungsverordnung vom 20. April 1918.

I. Wörtlich genaue Angabe, unter welcher Bezeichnung das Ersatzmittel in den Verkehr gebracht werden soll:

II. Angabe des Namens, Berufes, der Firma, der Hauptniederlassung und des Wohnsitzes des Herstellers:

III. Angabe des Ortes der Herstellung:

IV. Genaue Angabe über die Zusammensetzung des Ersatzmittels und das Herstellungsverfahren unter Bezeichnung der Art und Menge der bei der Herstellung verwendeten Stoffe und der daraus gewonnenen Menge des fertigen Erzeugnisses:

V. Soweit zur Herstellung des Ersatzmittels als Bestandteile nicht unvermischte Naturerzeugnisse verwendet sind, genaue Angabe, wie die Bestandteile hergestellt, oder von wem sie bezogen sind:

VI. Genaue Berechnung der Herstellungskosten (Gestehungs- und Betriebskosten:

(Insbesondere sind die Preise der verwendeten einzelnen Stoffe mit Belegen, die Kosten für Anfertigung, Verpackung, Reklame anzugeben.)

(Bei größerem Umfange auf besonderer Anlage anzugeben.)

VII. Angabe des Preises, zu dem das Ersatzmittel vom Hersteller und vom Großhändler abgegeben werden soll:

VIII. Angabe des Preises, zu dem das Ersatzmittel im Kleinhandel abgegeben werden soll, unter gleichzeitiger Angabe des Gewichtes oder Maßes der für den Vertrieb bestimmten Einheitspackung:

IX. Angabe, welchem Zweck das Ersatzmittel dient, und inwiefern es bestimmt ist, andere Gegenstände des täglichen Bedarfs in gewissen Eigenschaften oder Wirkungen zu ersetzen:

X. Angabe, ob das Ersatzmittel in bezug auf seine Beschaffenheit oder seinen Verkaufspreis bereits anderweit geprüft oder zum Handel zugelassen ist:

(Einschlägige Bescheidungen, Gutachten und sonstige Unterlagen sind in Urschrift oder beglaubigter Abschrift beizufügen.)

XI. Angabe des Namens, Berufes der Firma, der Hauptniederlassung und des Wohnsitzes des Antragstellers:

XII. Angabe, ob und durch welche Verfügung der Antragsteller zum Handel mit Lebensmitteln zugelassen ist:

XIII. Beigefügt sind . . . Muster des Ersatzmittels in der für den Kleinverkauf vorgesehenen Packung, sowie an Bezettelung, Abbildungen, Gebrauchsanweisungen und Ankündigungsentwürfen folgendes:

Ort und Datum: ....

Unterschrift: ....

Verordnung des Großherzoglich Badischen Ministeriums des Innern, die Genehmigung von Ersatzmitteln betreffend.

Vom 29. April 1918 (Gesetz- und Verordnungsblatt für das Großherzogtum Baden S. 113).

Zum Vollzug der Bundesratsverordnung vom 7. März 1918 über die Genehmigung von Ersatzlebensmitteln (RGBl. S. 113) und auf Grund der Bundesratsverordnung vom 25. September 1915 über die Errichtung von Preisprüfungsstellen und die Versorgungsregelung in der Fassung vom 4. November 1915 (RGBl. S. 607, 728) wird verordnet, was folgt:

§ 1. Im Sinne der Bundesratsverordnung vom 7. März 1918 ist Landeszentralbehörde das Ministerium des Innern und Ersatzmittelstelle das Landespreisamt.

Zur Entscheidung über die Beschwerde gegen die Versagung oder Zurücknahme der Genehmigung durch das Landespreisamt ist das Ministerium des Innern zuständig.

§ 2. Die Vorschriften der Bundesratsverordnung vom 7. März 1918 werden auf Ersatzmittel für nachstehende Gegenstände des täglichen Bedarfs ausgedehnt:

Brennstoffe, Eierkonservierungsmittel, Glyzerin, Gummi, Klebstoffe, kosmetische Mittel und Rasiermittel, Putzpulver und flüssige Putzmittel, Stoffe zum Anstreichen, Färben und Grundieren, Gegenstände zur Behandlung von Fußböden, Scheuermittel, die der Genehmigung des Kriegsausschusses für Öle und Fette nicht unterliegen, Schuhcreme, Leder und Lederkonservierungsmittel, Stärke, Tabak und Futtermittel.

Die etwaige künftige Ausdehnung der Genehmigungspflicht auf Ersatzmittel für weitere Gegenstände des täglichen Bedarfs wird das Ministerium des Innern jeweils im Staatsanzeiger bekanntgeben.

§ 3. Der Antrag auf Erteilung der Genehmigung ist schriftlich beim Landespreisamt zu stellen. Der Antrag muß enthalten:

1. Name, Beruf und Wohnort des Herstellers sowie den Herstellungsort,
2. genaue Angaben über die Zusammensetzung des Ersatzmittels und das Herstellungsverfahren unter Bezeichnung der Art und Menge der bei der Herstellung verwendeten Stoffe und der daraus gewonnenen Menge der Fertigerzeugnisse,
3. eine Berechnung der Herstellungskosten sowie die Angabe des Preises, zu dem das Ersatzmittel vom Hersteller und im Groß- und Kleinhandel abgegeben werden soll,
4. die wörtlich genaue Angabe, unter welcher Bezeichnung das Ersatzmittel in den Verkehr gebracht werden soll,
5. falls es sich um den Ersatz eines Lebens- oder Futtermittels handelt und der Antragsteller nicht Kleinhändler ist, ob, wann, von welcher Behörde und mit welcher Begrenzung der Antragsteller zum Handel mit Lebens- und Futtermitteln gemäß der Bundesratsverordnung vom 24. Juni 1916 über den Verkehr mit Lebens- und Futtermitteln und zur Bekämpfung des Kettenhandels (RGBl. S. 581) zugelassen wurde.

Dem Antrage sind ferner beizufügen:

6. drei zur Untersuchung geeignete Muster des Ersatzmittels in der für den Kleinverkauf vorgesehenen Packung mit Bezettelung, Gebrauchsanweisung und Ankündigungsentwürfen. Bei Erzeugnissen in loser Form sind mindestens 200 Gramm, bei Fleischbrüherſatzwürfeln mindestens 20 Stück beizufügen;
7. das etwa schon erhobene Gutachten einer Untersuchungsanstalt über die Zusammensetzung und die Gebrauchsfähigkeit des Ersatzmittels in Urschrift oder beglaubigter Abschrift,

8. den Nachweis darüber, daß für die Kosten des Verfahrens ein Vorschuß von 60 Mark bei der Großherzoglichen Landeshauptkasse in Karlsruhe hinterlegt ist.

§ 4. Zur Stellung des Antrags auf Genehmigung eines Ersatzmittels der in § 2 genannten Art ist der Hersteller verpflichtet, wenn die Herstellung im Großherzogtum erfolgt. Erfolgt die Herstellung außerhalb des Großherzogtums, so kann der Antrag statt von dem Hersteller auch von dem Großhändler, Zwischenhändler, Agenten oder Kommissionär gestellt werden, welcher das Erzeugnis im Großherzogtum absetzen will. Der Kleinhändler hat nur dann um Erlaubnis nachzusuchen, wenn er ein Ersatzmittel, für welches die Genehmigung zum Vertrieb im Großherzogtum noch nicht erteilt ist, zu vertreiben beabsichtigt.

§ 5. Das Landespreisamt prüft die Zusammensetzung, Brauchbarkeit und Preiswürdigkeit des Ersatzmittels und der zu dessen Herstellung verwendeten Grundstoffe unter Anwendung der Grundsätze, die der Reichskanzler in seiner Bekanntmachung vom 8. April 1918 (Deutscher Reichsanzeiger Nr. 84 vom 10. April 1918) aufgestellt hat. Es ist befugt, die Angaben über die Zusammensetzung des Ersatzmittels durch eine amtliche Stelle nachprüfen zu lassen. Die Kosten des Prüfungsverfahrens fallen dem Antragsteller zur Last.

§ 6. Die Genehmigung oder deren Versagung sowie die Zurücknahme der Genehmigung verfügt das Landespreisamt an den Antragsteller durch schriftlichen Bescheid, aus dem im Falle der Genehmigung die Bedingungen ersichtlich sind, unter denen die Genehmigung erteilt wird. Als Bedingung kann das Landespreisamt auch die Anbringung der ihm erforderlich erscheinenden Angaben auf den Packungen des zu genehmigenden Ersatzmittels verlangen.

Über die erteilte Erlaubnis ist dem Antragsteller eine besondere Bescheinigung auszustellen. Hierfür ist eine Taxe ohne Sportel von 10—30 Mark zu entrichten. Die Taxe wird in der Entscheidung festgesetzt.

§ 7. Die Genehmigung, Versagung und die Zurücknahme einer erteilten Genehmigung werden auf Kosten des Antragstellers in der Karlsruher Zeitung bekanntgegeben.

§ 8. Im Großherzogtum Baden hergestellte oder aus dem Reichsausland unmittelbar nach dem Großherzogtum eingeführte Ersatzlebensmittel, die vor Inkrafttreten dieser Verordnung von dem Landespreisamt bereits genehmigt worden sind, gelten als im Sinne der Bundesratsverordnung vom 7. März 1918 mit Gültigkeit für das ganze Reichsgebiet genehmigt. Dem Landespreisamt bleibt jedoch vorbehalten, die Genehmigung außer in den Fällen des § 5 Abs. 3 der genannten Bundesratsverordnung auch schon dann zurückzunehmen, wenn die Genehmigung mit den vom Reichskanzler für die Erteilung und Versagung der Genehmigung aufgestellten Grundsätzen in Widerspruch steht.

Für alle nicht im Großherzogtum hergestellten oder unmittelbar aus dem Reichsausland in das Großherzogtum eingeführten Ersatzlebensmittel werden die bisher vom Landespreisamt erteilten Genehmigungen mit dem 1. Juli 1918 ungültig. Die Ungültigkeit tritt nicht ein, wenn das Ersatzlebensmittel bis dahin nach den am Herstellungsort geltenden Bestimmungen genehmigt ist oder als genehmigt zu gelten hat.

§ 9. Die Genehmigung, welche das Landespreisamt für die in § 2 dieser Verordnung aufgeführten Ersatzmittel erteilt, gilt nur für das Gebiet des Großherzogtums. Bereits vor Inkrafttreten dieser Verordnung erteilte Genehmigungen für solche Ersatzmittel behalten ihre Gültigkeit im Großherzogtum.

§ 10. Als Bescheinigung im Sinne des § 9 der Bundesratsverordnung vom 7. März 1918 genügt auch die an den Erwerber ausgestellte Rechnung, sofern sie den daselbst bezeichneten Voraussetzungen entspricht.

§ 11. Großhändler und Zwischenhändler, welche Ersatzlebensmittel oder Ersatzmittel der in § 2 bezeichneten Art in das Großherzogtum neu einzuführen beabsichtigen und daselbst eine gewerbliche Niederlassung oder einen Wohnsitz haben, sind verpflichtet, die geplante Einfuhr spätestens binnen drei Tagen nach Aufgabe der Bestellung unter genauer Bezeichnung des Mittels des Herstellers, des Herstellungsortes, des Preises sowie der etwaigen Genehmigung dem Landespreisamt anzuzeigen.

§ 12. Zuwiderhandlungen gegen § 11 dieser Verordnung werden mit Gefängnis bis zu 6 Monaten oder mit Geldstrafe bis zu 1500 Mark bestraft.

§ 13. Diese Verordnung tritt am 1. Mai 1918 in Kraft. Auf den gleichen Tag tritt unsere Verordnung vom 30. Januar 1917, den Handel mit Ersatzmitteln betreffend (Gesetzes- und Verordnungsblatt S. 15), außer Wirksamkeit.

Karlsruhe, 29. April 1918.

Großherzogliches Ministerium des Innern.
von Bodman.

Bekanntmachung des Senates der freien und Hansestadt Hamburg betr. die Ausführung der Bundesratsverordnung über die Genehmigung von Ersatzlebensmitteln vom 7. März 1918.

(Amtsblatt Nr. 84 S. 582 vom 9. April 1918.)

§ 1. In Ausführung der Bundesratsverordnung über die Genehmigung von Ersatzlebensmitteln vom 7. März 1918 (RGBl. S. 113) werden die Aufgaben der Ersatzmittelstelle für das hamburgische Staatsgebiet der bei der Deputation für Handel, Schiffahrt und Gewerbe errichteten Preisprüfungsstelle übertragen, der für diese Entscheidungen ein vom Medizinalkollegium zu bestimmender Vertreter des Hygienischen Instituts beizutreten hat.

§ 2. Der Antrag an die Ersatzmittelstelle auf Genehmigung eines Ersatzmittels muß schriftlich gestellt werden und muß enthalten:

1. genaue Angaben über die Zusammensetzung des Ersatzlebensmittels und das Herstellungsverfahren unter Bezeichnung der Art und Menge der bei der Herstellung verwendeten Stoffe und der daraus gewonnenen Menge der Fertigerzeugnisse,
2. eine Berechnung der Herstellungskosten sowie die Angabe des Preises, zu dem das Ersatzlebensmittel vom Hersteller und im Groß- und Kleinhandel abgegeben werden soll,

3. die wörtlich genaue Angabe, unter welcher Bezeichnung das Ersatzlebensmittel in den Verkehr gebracht werden soll.

Dem Antrage sind ferner beizufügen:

4. zur Untersuchung geeignete Muster des Ersatzlebensmittels in der für den Kleinverkauf vorgesehenen Packung mit Bezettelung, Gebrauchsanweisung und Ankündigungsentwürfen.

Die Ersatzmittelstelle kann weitere Erfordernisse für den Antrag aufstellen.

§ 3. Der Antrag auf Genehmigung ist von dem Hersteller, bei Ersatzlebensmitteln, die aus dem Auslande eingeführt werden, von dem Einführenden zu stellen.

Will ein anderer als der Hersteller oder der Einführende das Ersatzlebensmittel unter seinem Namen oder seiner Firma in den Verkehr bringen, so ist der Antrag von diesem zu stellen.

Zuständig zur Erteilung der Genehmigung ist diejenige Ersatzmittelstelle, in deren Bezirk der zur Stellung des Antrags Berechtigte seine gewerbliche Hauptniederlassung oder in Ermangelung einer solchen seinen Wohnsitz hat.

§ 4. Die Bescheide auf die Anträge sind schriftlich zu erteilen und im Falle der Versagung oder Zurücknahme der Genehmigung mit Gründen zu versehen.

§ 5. Gegen die Versagung oder Zurücknahme der Genehmigung seitens der Preisprüfungsstelle steht dem Antragsteller die Beschwerde an die Senatssektion für Gewerberekurssachen offen. Die Beschwerde muß innerhalb einer Frist von zwei Wochen nach Zustellung des Bescheides der Preisprüfungsstelle bei der Preisprüfungsstelle schriftlich eingereicht werden; die Preisprüfungsstelle hat die Beschwerde unter Beifügung der bei der Preisprüfungsstelle erwachsenen Akten der Senatssektion für Gewerberekurssachen zuzustellen.

Die Senatssektion veranlaßt die etwa nach Lage der Sache noch erforderlichen Ermittlungen und entscheidet über die Beschwerde schriftlich unter Angabe der Gründe.

Gegeben in der Versammlung des Senats, Hamburg, den 8. April 1918.

Bekanntmachung der Preisprüfungsstelle der freien und Hansestadt Hamburg, betreffend Ausführung der Bundesratsverordnung über die Genehmigung von Ersatzlebensmitteln vom 7. März 1918.

Vom 10. April 1918.

Zur Durchführung der Verordnung des Bundesrats über die Genehmigung von Ersatzlebensmitteln vom 7. März 1918 wird auf Grund des § 15 a.a.O. und der Bekanntmachung des Senats vom 8. April (Amtsblatt S. 582) folgendes bestimmt:

§ 1. Gesuche um Zulassung von Ersatzlebensmitteln sind in Hamburg von Montag, den 22. April 1918 ab bei der Ersatzmittelstelle Börsenanbau, 1. Geschoß, Zimmer 31 (Dienststunden 9—5 Uhr), unter Benutzung bestimmter Vordrucke zu stellen. Die Vordrucke sind in dreifacher gleichlautender Ausfertigung einzureichen. Zustellung mit der Post empfiehlt sich wegen der miteinzureichenden Proben nicht.

§ 2. Mit jedem Antrag sind drei Muster in der für den Kleinverkauf vorgesehenen Packung einzuliefern. Eine Vergütung der Kosten findet nicht statt. Von Ersatzlebensmitteln, die unverpackt an die Verbraucher abgegeben werden sollen, sind drei Proben von je mindestens 50 Gramm erforderlich. Beifügung einer Analyse eines beeidigten Handelschemikers über die Zusammensetzung der Ersatzmittel ist erwünscht. Die Kosten einer von der Ersatzmittelstelle etwa für notwendig erachteten weiteren Untersuchung trägt der Antragsteller, desgleichen alle sonstigen der Ersatzmittelstelle erwachsenden Kosten.

§ 3. Die nach § 9 der Bundesratsverordnung bei jeder Veräußerung von Ersatzlebensmitteln an Händler oder bei der Übergabe an diese zum Zwecke der Veräußerung auszuhändigenden Bescheinigungen über die erfolgte Zulassung des Ersatzmittels sind bei der Ersatzmittelstelle gegen Erstattung der Selbstkosten erhältlich.

§ 4. Händler, die von dem in § 4 der Bundesratsverordnung vorgesehenen Rechte, ein Ersatzmittel unter eigenem Namen oder eigener Firma in den Verkehr zu bringen, Gebrauch machen wollen, haben ihrem Antrag die durch § 9 der Bundesratsverordnung vorgeschriebene Bescheinigung des Herstellers beizufügen, aus der ersichtlich ist, wann und unter welchen Bedingungen das Ersatzlebensmittel dem Hersteller von der für ihn zuständigen Stelle genehmigt worden ist.

§ 5. Gemäß § 5 der Bundesratsverordnung wird bestimmt, daß auch alle Änderungen im Wortlaut der Bezettelung, der Gebrauchsanweisung, der Ankündigungsdrucksachen, der Packungsaufdrucke usw. der vorherigen Genehmigung der Ersatzmittelstelle bedürfen.

§ 6. Jeder Hersteller von Ersatzlebensmitteln hat alle Bezüge von Rohstoffen, die zur Herstellung benötigt werden, mit laufenden Nummern in ein besonderes Fabrikationsbuch einzutragen und bei diesem die mit gleicher Nummer zu versehenen Rechnungen aufzubewahren. Das Buch und die Rechnungen sind den Beamten der Polizeibehörde sowie den Beauftragten der Preisprüfungsstelle auf Anfordern zur Einsicht vorzulegen. Der Zutritt zu den Herstellungs- und Lagerräumen steht den Genannten jederzeit zu.

§ 7. Die Genehmigung und Ablehnung eines Ersatzlebensmittels erfolgt durch schriftlichen Bescheid der Ersatzmittelstelle an den Antragsteller. Gegen die Versagung oder die Bedingungen der Zulassung sowie gegen die Zurücknahme der Genehmigung ist nur Beschwerde an die Senatssektion für Gewerberekurssachen zulässig. Die Beschwerde hat keine aufschiebende Wirkung. Sie ist binnen 14 Tagen nach Zustellung des Bescheides der Ersatzmittelstelle bei dieser schriftlich einzureichen.

Hamburg, den 16. April 1918.

Die Preisprüfungsstelle.

Verordnung gegen den Schleichhandel.

Vom 7. März 1918 (RGBl. S. 112).

Der Bundesrat hat auf Grund des § 3 des Gesetzes über die Ermächtigung des Bundesrats zu wirtschaftlichen Maßnahmen usw. vom 4. August 1914 (RGBl. S. 327) folgende Verordnung erlassen:

§ 1. Wer gewerbsmäßig[1] Lebens-[2] oder Futtermittel, für die Höchstpreise festgesetzt sind oder die sonst einer Verkehrsregelung unterliegen, unter vorsätzlicher[3] Verletzung der zur Regelung ergangenen Vorschriften oder unter Verleitung eines anderen zur Verletzung dieser Vorschriften oder unter Ausnutzung der von einem andern begangenen Verletzung dieser Vorschriften zur Weiterveräußerung[4] erwirbt[5] oder wer sich zu solchem Erwerb erbietet, wird wegen Schleichhandels mit Gefängnis bestraft; daneben ist[6] auf Geldstrafe bis zu fünfhunderttausend Mark zu erkennen.

Ebenso wird bestraft, wer gewerbsmäßig solche Geschäfte vermittelt oder wer sich zu einer solchen Vermittlung erbietet.

Neben der Strafe kann auf Verlust der bürgerlichen Ehrenrechte[7] erkannt werden; ferner kann angeordnet werden, daß die Verurteilung auf Kosten des Täters öffentlich bekanntzumachen ist.

1. Der Begriff der Gewerbsmäßigkeit setzt das Vorliegen einer fortdauernden auf Erzielung eines Gewinnes gerichteten Tätigkeit voraus; das Gepräge der Gewerbsmäßigkeit kann jedoch schon eine Einzelhandlung an sich tragen. Zur Beurteilung kann auch auf Handlungen Rücksicht genommen werden, die vor der Verurteilung lagen.

Der Privatmann, der für eigenen Bedarf kauft, wird von der Verordnung nicht betroffen.

2. Bezüglich des Begriffes „Lebensmittel" vgl. Anm. 1 zu § 1 EV. (S. 13).

3. Der Täter muß also das Bewußtsein der Rechtswidrigkeit haben; bei fahrlässigem Handeln kommt diese Verordnung nicht zur Anwendung.

4. S. Anm. 1.

5. Der **Verkäufer** macht sich auf Grund dieser Verordnung also nicht strafbar.

6. Geldstrafe ist hier also nicht wahlweise mit Freiheitsstrafe angedroht, sondern muß daneben verhängt werden.

7. Wirkung: StrGB. §§ 33 und 34.

§ 2. Wer wegen Vergehens gegen § 1 bestraft worden ist, darauf wiederum eine solche Handlung begangen hat und wegen derselben bestraft worden ist, wird, wenn er sich abermals einer solchen Handlung schuldig macht, mit Zuchthaus bis zu fünf Jahren, bei mildernden Umständen mit Gefängnis nicht unter sechs Monaten bestraft. Daneben ist[1] auf Geldstrafe bis zu fünfhunderttausend Mark zu erkennen; ferner ist[2] anzuordnen, daß die Verurteilung auf Kosten des Täters öffentlich bekanntzumachen ist.

Neben Zuchthaus ist[3] auf Verlust der bürgerlichen Ehrenrechte zu erkennen.

Die Vorschriften in Abs. 1, 2 finden auch Anwendung, wenn die früheren Strafen nur teilweise verbüßt oder ganz oder teilweise erlassen sind.

1. Vgl. Anm. 6 zu § 1.

2. 3. Im Gegensatze zu § 1 muß hier auf öffentliche Bekanntmachung und auf Verlust der bürgerlichen Ehrenrechte erkannt werden.

§ 3. Neben der Strafe kann auf Einziehung der Gegenstände erkannt werden, auf die sich die strafbare Handlung bezieht, ohne Unterschied, ob sie dem Täter gehören oder nicht.

§ 4. Diese Verordnung tritt mit dem 15. März 1918 in Kraft.

Berlin, den 7. März 1918.

Der Reichskanzler.

In Vertretung: von Waldow.

Verordnung gegen Preistreiberei.

Vom 8. Mai 1918 (RGBl. S. 395).

Der Bundesrat hat auf Grund des § 3 des Gesetzes über die Ermächtigung des Bundesrats zu wirtschaftlichen Maßnahmen usw. vom 4. August 1914 (RGBl. S. 327) folgende Verordnung erlassen:

§ 1. Wegen übermäßiger Preissteigerung wird mit Gefängnis und mit Geldstrafe bis zu zweihunderttausend Mark[1] oder mit einer dieser Strafen bestraft

1. wer vorsätzlich[2] für Gegenstände des täglichen Bedarfs oder des Kriegsbedarfs[3] Preise fordert, die unter Berücksichtigung der gesamten Verhältnisse[4] einen übermäßigen Gewinn[5] enthalten, oder solche Preise sich oder einem anderen gewähren oder versprechen läßt;
2. wer vorsätzlich für die Vermittlung[6] von Geschäften über Gegenstände des täglichen Bedarfs oder des Kriegsbedarfs Vergütungen fordert, die unter Berücksichtigung der gesamten Verhältnisse einen übermäßigen Verdienst enthalten, oder solche Vergütungen sich oder einem anderen gewähren oder versprechen läßt;
3. wer Gegenstände des täglichen Bedarfs oder des Kriegsbedarfs, die von ihm zur Veräußerung erzeugt oder erworben sind, in der Absicht zurückhält, durch ihre Veräußerung einen übermäßigen Gewinn zu erzielen;
4. wer vorsätzlich den Preis für Gegenstände des täglichen Bedarfs oder des Kriegsbedarfs durch unlautere Machenschaften[7], insbesondere Kettenhandel[8], steigert;

5. wer in der Absicht, den Preis für Gegenstände des täglichen Bedarfs oder des Kriegsbedarfs zu steigern oder hochzuhalten, Vorräte unbrauchbar macht oder vernichtet, ihre Erzeugung oder den Handel mit ihnen einschränkt oder andere unlautere Machenschaften vornimmt;
6. wer vorsätzlich an einer Verabredung oder Verbindung[9] teilnimmt, die eine nach den Nummern 1 bis 5 strafbare Handlung zum Gegenstande hat;
7. wer vorsätzlich zu einer nach den Nummern 1 bis 5 sttafbaren Handlung auffordert, anreizt oder sich erbietet.

Ist die Zuwiderhandlung fahrlässig[10] begangen, so ist auf Gefängnis bis zu einem Jahre und auf Geldstrafe bis zu fünfzigtausend Mark oder auf eine dieser Strafen zu erkennen.

1. Die Strafen sind erheblich höher als bisher.

2. Wie Anm. 3 zu SchlV. § 1.

3. Als Gegenstände des Kriegsbedarfs gelten nicht nur die von der Heeresverwaltung, sondern auch die von einzelnen Soldaten für Kriegszwecke gebrauchten Gegenstände.

4. Die Worte „insbesondere der Marktlage" des § 5 der alten Verordnung gegen übermäßige Preissteigerung sind hier fortgelassen. — Nach den Grundsätzen des Reichsgerichts soll bei der Berücksichtigung der Verhältnisse der Unterschied zwischen dem Verkaufspreise und derjenigen Summe maßgebend sein, die sich aus dem Einkaufs- bzw. Erzeugungs- oder Verarbeitungspreise, den auf die verkaufte Ware entfallenden Betriebsunkosten, den allgemeinen Unkosten des Gesamtunternehmens und den anteiligen Beträgen für Unternehmerlohn, Betriebsvermögenzins und Gefahrvergütung ergibt. Die hiernach erwachsende Schwierigkeit der Berechnung ist (einem allgemeinen Wunsche des Handels entsprechend) durch die jetzt gemäß § 2 dieser Verordnung teilweise zugelassene Berechnung eines Durchschnittspreises gemildert worden.

5. Er ist zu berechnen nach den in obiger Anm. 4 angeführten Grundsätzen; der Kaufmann darf aber z. B. Verluste oder Aufwendungen, die er gehabt hat, nicht durch höheren Gewinn an dem Verkaufe anderer Waren ausgleichen wollen, soweit es sich nicht um gleichartige handelt.

6. Die ausdrückliche Einbeziehung der Vermittler ist neu.

7. Z. B. Handlungen im Sinne der Nr. 5—7 dieses Paragraphen, ferner z. B. Entnahme von Waren zum Weiterverkaufe aus dem Kleinhandel u. ä., endlich wohl alle Handlungen, die gegen die guten Sitten verstoßen.

8. Eine Begriffsbestimmung dieses Wortes ist in keiner der Verordnungen gegeben, die bisher von Kettenhandel sprechen. Man wird Kettenhandel als vorliegend annehmen müssen, wenn die Kette, die üblicherweise eine Ware vom Erzeuger bis zum Verbraucher durchläuft, durch Dazwischentreten wirtschaftlich überflüssiger und die Waren lediglich verteuernder Zwischenglieder verlängert wird. Da die Verhältnisse aber bei den einzelnen Waren sehr verschieden sind, ist keineswegs jeder Zwischenhändler als Kettenhändler anzusprechen; als sehr wesentlich wird zu berücksichtigen sein, wie sich in regelmäßigen Zeiten der Handel in dem einzelnen Handelszweige abgespielt hat.

9. Wenn sich z. B. zu diesem Zwecke ein Händlerverband zusammenschließt, wie gelegentlich ein Viehhändlerverband getan hat.

10. Fahrlässigkeit liegt vor, wenn der Täter bei gehöriger Aufmerksamkeit oder Vorsicht die Rechtswidrigkeit seines Tuns erkennen mußte.

§ 2. Für gleichartige[1] Gegenstände, deren Gestehungskosten verschieden hoch sind, darf ein Durchschnittspreis[2] gefordert werden, wenn er nachweislich auf den verschiedenen Gestehungskosten und den verschiedenen Mengen der in ihn einbezogenen Gegenstände beruht und unter Berücksichtigung der durchschnittlichen Gestehungskosten keinen übermäßigen Gewinn enthält.

1. Nur für solche, nicht auch für alle in einem Geschäfte geführten Waren.

2. Vgl. dazu obige Anm. 4 und 5 zu § 1.

§ 3. Eine Zuwiderhandlung gegen die Vorschriften des § 1 Nr. 1, 2 liegt nicht vor, wenn Höchstpreise oder von einer zuständigen Behörde festgesetzte Preise oder Vergütungen eingehalten werden[1].

1. Auch diese neue Bestimmung entspricht einer alten Forderung der Kaufmannschaft. Bisher konnte trotz Einhaltung der Höchstpreise Bestrafung eintreten, wenn im einzelnen Falle übermäßiger Gewinn dabei erzielt wurde.

§ 4. Wegen Höchstpreisüberschreitung wird mit Gefängnis und mit Geldstrafe bis zu zweihunderttausend Mark[1] oder mit einer dieser Strafen bestraft:

1. wer vorsätzlich höhere Preise als die Höchstpreise im Sinne des Gesetzes, betreffend Höchstpreise, fordert oder sich oder einem anderen gewähren oder versprechen läßt;
2. wer vorsätzlich beim Erwerbe für Zwecke der Weiterveräußerung[2] mit Gewinn höhere Preise als die Höchstpreise (Nr. 1) gewährt oder verspricht;
3. wer vorsätzlich an einer Verabredung oder Verbindung teilnimmt, die eine nach Nr. 1, 2 strafbare Handlung zum Gegenstande hat;
4. wer vorsätzlich zu einer nach Nr. 1, 2 strafbaren Handlung auffordert, anreizt oder sich erbietet.

Ist die Zuwiderhandlung fahrlässig begangen, so ist auf Gefängnis bis zu einem Jahre und auf Geldstrafe bis zu fünfzigtausend Mark oder auf eine dieser Strafen zu erkennen.

1. Auch hier erhebliche Straferhöhung gegenüber den bisher geltenden Bestimmungen des Gesetzes über die Höchstpreise.

2. Gegenüber dem Höchstpreisgesetze ist hier neu, daß der die Höchstpreise überschreitende Käufer nur noch dann unter Strafe gestellt ist, wenn er Wiederverkäufer (mit Gewinn) ist.

§ 5. Wer wegen vorsätzlicher Zuwiderhandlung gegen die Vorschriften der §§ 1 oder 4 oder die entsprechenden früheren Strafvorschriften mit Gefängnis bestraft worden ist, darauf abermals eine solche Handlung begangen hat und wegen derselben mit Gefängnis bestraft worden ist, wird, wenn er wieder eine solche Handlung begeht, mit Zuchthaus bis zu fünf Jahren, bei mildernden Umständen mit Gefängnis nicht unter einem Monat bestraft. Daneben ist[1] auf Geldstrafe bis zu fünfhunderttausend Mark zu erkennen.

Die Bestimmungen des Abs. 1 finden Anwendung, auch wenn die früheren Strafen nur teilweise verbüßt oder ganz oder teilweise erlassen sind.

1. Vgl. Anm. 6 zu SchlV. § 1.

§ 6. Der Inhaber eines Betriebs, in dem ein Angestellter oder eine sonst in dem Betriebe beschäftigte Person eine nach den §§ 1, 4, 5 strafbare Handlung begangen hat, wird mit Gefängnis bis zu einem Jahre und mit Geldstrafe bis zu fünfzigtausend Mark oder mit einer dieser Strafen bestraft, wenn er es unter Vernachlässigung seiner Aufsichtspflicht unterlassen hat, den Täter von der Begehung der strafbaren Handlung abzuhalten.

Dem Inhaber des Betriebs steht derjenige gleich, welchem die Leitung oder Beaufsichtigung des Betriebs oder eines Teiles desselben übertragen ist.

§ 7. Neben der Strafe ist[1] bei vorsätzlicher oder fahrlässiger Zuwiderhandlung gegen § 1 Nr. 1, 2 oder § 4 Nr. 1 ein Betrag[2] einzuziehen, der in den Fällen des § 1 Nr. 1, 2 dem erzielten übermäßigen

Gewinn oder Verdienst, in den Fällen des § 4 Nr. 1 dem über den Höchstpreis erzielten Erlös entspricht; Täter und Teilnehmer haften als Gesamtschuldner[3]. Auf die Einziehung kann auch durch Strafbefehl erkannt werden.

Soweit der übermäßige Gewinn oder Verdienst oder der über den Höchstpreis erzielte Erlös einer anderen Person als dem Täter oder dem Teilnehmer durch die Tat zugeflossen ist, kann für den einzuziehenden Betrag auch diese Person als Gesamtschuldner haftbar gemacht werden[4].

Ebenso kann haftbar gemacht werden, wer nach der Tat aus dem Vermögen einer der im Abs. 1, 2 bezeichneten Personen eine Zuwendung erhalten hat, wenn ihm die Zuwendung in der Absicht, die Einziehung zu vereiteln, gemacht wurde und er dies zur Zeit des Erwerbes wußte oder den Umständen nach annehmen mußte, oder wenn ihm die Zuwendung unentgeltlich gemacht wurde. Unter den gleichen Voraussetzungen kann als Gesamtschuldner jeder weitere Empfänger der Zuwendung oder ihres Wertes haftbar gemacht werden. Die Haftung ist auf den Wert der Zuwendung zur Zeit des Empfanges beschränkt. Der gutgläubige Empfänger einer unentgeltlichen Zuwendung haftet nur insoweit, als er durch sie noch bereichert ist.

Die Haftung für den einzuziehenden Betrag geht auf den Erben über.

Von der Einziehung kann wegen Geringfügigkeit des einzuziehenden Betrags abgesehen werden.

1. Also nicht in das Ermessen des Gerichts gestellt.

2. Gegebenenfalls unter Abzug gemäß § 8.

3. Das Gericht kann sich also zunächst an den Wohlhabendsten halten und ihm den Rückgriff an die Teilnehmer überlassen.

4. Dadurch werden Verschiebungen an andere wirkungslos gemacht.

§ 8. Auf den bei vorsätzlicher oder fahrlässiger Zuwiderhandlung gegen § 1 Nr. 1 einzuziehenden Betrag ist derjenige Betrag anzurechnen, welcher wegen derselben Preisforderung von einem zuständigen Schiedsgerichte zugunsten des Reichs eingezogen worden ist.

§ 9. Soll für den einzuziehenden Betrag neben dem Täter oder dem Teilnehmer eine andere Person haftbar gemacht werden (§ 7 Abs. 2 bis 4), so ist sie, soweit dies ausführbar erscheint, unter Mitteilung des Beschlusses über die Eröffnung des Hauptverfahrens zur Hauptverhandlung zu laden[1]. Sie kann alle Befugnisse ausüben, die einem Angeklagten zustehen, sich auch durch einen mit schriftlicher Vollmacht versehenen Verteidiger vertreten lassen. Durch ihr Nichterscheinen wird das Verfahren und die Urteilsfällung nicht aufgehalten. Die Rechtsmittel gegen das Urteil, soweit es die Einziehung betrifft, stehen auch ihr zu.

1. Der Streitverkündung im Zivilprozeß nachgebildet.

§ 10. Auf die im § 7 vorgesehene Einziehung kann selbständig erkannt werden, wenn die Verfolgung oder Verurteilung einer bestimmten Person nicht ausführbar ist.

Auf das Verfahren finden die Vorschriften des § 477 Abs. 1[1] und des § 478 Abs. 1[2] der Strafprozeßordnung Anwendung.

Die Personen, gegen welche die Einziehung sich richtet, sind, soweit dies ausführbar erscheint, zu dem Termine zu laden; die Vorschriften des § 478 Abs. 3[3] und des § 479[4] der Strafprozeßordnung finden Anwendung.

1. § 477 Abs. 1 regelt die örtliche Zuständigkeit.

2. § 478 Abs. 1: danach hat die Verhandlung unter Beachtung der für die Hauptverhandlung geltenden Vorschriften stattzufinden.

3. § 478 Abs. 3 ist gleichlautend mit Satz 2 und 3 des obigen § 9.

4. Nach diesen Paragraphen stehen der betreffenden Person die Rechtsmittel gegen das Urteil zu.

§ 11. Kann in den Fällen der §§ 7, 10 über die Höhe des einzuziehenden Betrags oder darüber, ob eine andere Person als der Täter oder der Teilnehmer für den einzuziehenden Betrag haftbar zu machen ist, nicht ohne Verzögerung des Verfahrens entschieden werden, so kann die Entscheidung hierüber im Urteil einem besonderen Verfahren vorbehalten werden.

Auch ohne solchen Vorbehalt kann die Haftung einer anderen Person als des Täters oder des Teilnehmers für den nach dem Urteil einzuziehenden Betrag in dem besonderen Verfahren ausgesprochen werden.

Die Festsetzung des einzuziehenden Betrags kann auch im Strafbefehle dem besonderen Verfahren vorbehalten werden. In dem besonderen Verfahren ist auch dann zu entscheiden, wenn gegen den Täter oder den Teilnehmer ein Strafbefehl erlassen wird und eine andere Person für den einzuziehenden Betrag haftbar gemacht werden soll (§ 7 Abs. 2 bis 4).

§ 12. In dem besonderen Verfahren (§ 11) trifft der Staatsanwalt die erforderlichen Ermittlungen. Nach Eintritt der Rechtskraft[1] der Entscheidung, welche die Einziehung anordnet, setzt er den einzuziehenden Betrag fest und gibt den Bescheid denjenigen Personen durch Zustellung bekannt, gegen welche die Einziehung sich richtet.

Der Bescheid muß mit Gründen versehen sein und die Eröffnung enthalten, daß er vollstreckbar wird, wenn der Betroffene nicht binnen zwei Wochen nach der Zustellung die gerichtliche Entscheidung beantragt. Der Antrag ist bei dem Staatsanwalt oder bei dem Gerichte, das in erster Instanz entschieden hat, schriftlich oder zu Protokoll zu stellen.

Beantragt der von dem Bescheide Betroffene die gerichtliche Entscheidung, so entscheidet das Gericht durch Beschluß. Gegen den Beschluß findet sofortige Beschwerde[2] statt.

Wird ein Antrag auf gerichtliche Entscheidung innerhalb der im Abs. 2 Satz 1 bestimmten Frist nicht gestellt oder der gestellte Antrag als unzulässig verworfen, so erlangt der Bescheid des Staatsanwalts die Wirkung eines rechtskräftigen Urteils. Die Vollstreckung erfolgt auf Grund einer mit der Bescheinigung der Vollstreckbarkeit versehenen beglaubigten Abschrift des Bescheids des Staatsanwalts; die Bescheinigung erteilt der Gerichtsschreiber des Gerichts, das in erster Instanz entschieden hat.

1. Sie tritt eine Woche nach Zustellung des Urteils ein (StrPrO. §§ 355 und 381).

2. Binnen einer Woche nach Zustellung des Beschlusses (StrPrO. § 353).

§ 13. Zur Sicherung der im § 7 Abs. 1 vorgeschriebenen Einziehung können Vermögensstücke des Beschuldigten beschlagnahmt werden.

Die Anordnung der Beschlagnahme steht dem Richter, bei Gefahr im Verzuge dem Staatsanwalte zu. Hat der Staatsanwalt die Beschlagnahme angeordnet, so soll er binnen drei Tagen die richterliche Bestätigung nachsuchen.

Auf die Durchführung der Beschlagnahme finden die Bestimmungen der Zivilprozeßordnung über die Vollziehung und die Wirkungen des dinglichen Arrestes entsprechende Anwendung.

§ 14. Die Vorschriften der §§ 7 bis 13 finden bei Aburteilung von Zuwiderhandlungen der im § 1 Nr. 1 oder § 4 Nr. 1 bezeichneten Art auch dann Anwendung, wenn die Zuwiderhandlung vor dem Inkrafttreten dieser Verordnung begangen ist.

Soweit in solchen Fällen die Strafe aus § 6 des Gesetzes, betreffend Höchstpreise oder aus § 5 der Verordnung gegen übermäßige Preissteigerung, je in der Fassung der Bekanntmachung vom 23. März 1916 (RGBl. S. 183), zu bestimmen ist, bleibt der Abs. 2 dieser Vorschriften außer Anwendung[1].

1. Die Absätze 2 dieser beiden Paragraphen lauten: „Bei vorsätzlichen Zuwiderhandlungen ist die Geldstrafe mindestens auf das Doppelte des übermäßigen Gewinnes zu bemessen, der erzielt worden ist oder erzielt werden sollte; übersteigt der Mindestbetrag 10000 Mark, so ist auf ihn zu erkennen. Im Falle mildernder Umstände kann die Geldstrafe bis auf die Hälfte des Mindestbetrages ermäßigt werden."

§ 15. Neben der Strafe kann in den Fällen der §§ 1, 4, 5 auf Einziehung der Gegenstände erkannt werden, auf die sich die strafbare Handlung bezieht, ohne Unterschied, ob sie dem Täter gehören oder nicht.

§ 16. Neben Gefängnis kann in den Fällen des § 1 Abs. 1 und des § 4 Abs. 1 auf Verlust der bürgerlichen Ehrenrechte[1] erkannt werden. In den Fällen des § 5 ist neben Zuchthaus auf Verlust der bürgerlichen Ehrenrechte zu erkennen.

1. Wirkung s. StrGB. §§ 33 und 34.

§ 17. Neben der Strafe kann in den Fällen der §§ 1, 4 angeordnet werden, daß die Verurteilung auf Kosten des Schuldigen öffentlich bekanntzumachen ist. In den Fällen des § 5 ist dies anzuordnen.

Die Art der Bekanntmachung wird im Urteil bestimmt; die Bekanntmachung kann auch durch Anschlag in dem Geschäftsraum erfolgen, in dem die strafbare Handlung begangen ist.

§ 18. Die Vorschriften der §§ 7, 15 bis 17 sind auch dann anzuwenden, wenn die Strafe gemäß § 73[1] des Strafgesetzbuchs auf Grund eines anderen Gesetzes zu bestimmen ist.

1. § 73 StrGB. lautet: „Wenn eine und dieselbe Handlung mehrere Strafgesetze verletzt, kommt nur dasjenige Gesetz, welches die schwerste Strafe, und bei ungleichen Strafarten dasjenige Gesetz, welches die schwerste Strafart androht, zur Anwendung" (sog. Idealkonkurrenz).

§ 19. Auf Lieferungen nach dem Ausland finden die Bestimmungen dieser Verordnung und die Bestimmungen über Höchstpreise keine Anwendung.

§ 20. Der Reichskanzler oder die von ihm bestimmte Stelle kann für Gegenstände des täglichen Bedarfs und des Kriegsbedarfs, die aus dem Ausland eingeführt werden, Ausnahmen von den Höchstpreisen und von den Vorschriften im § 1 Nr. 1, 2 über die Bemessung von Preisen und Vergütungen zulassen.

§ 21. Die Verordnung tritt am 1. Juni 1918 in Kraft.

Mit diesem Tage treten außer Kraft:

1. § 6 Abs. 1 Nr. 1 und 2 sowie Abs. 2 und 3 des Gesetzes betreffend Höchstpreise vom

4. August 1914/17. Dezember 1914 in der Fassung der Bekanntmachung vom 23. März 1916 (RGBl. 1914 S. 339, 516; 1916 S. 183);
2. § 5 der Verordnung gegen übermäßige Preissteigerung vom 23. Juli 1915 in der Fassung der Bekanntmachung vom 23. März 1916 (RGBl. 1915 S. 467; 1916 S. 183);
3. § 11 der Verordnung über den Handel mit Lebens- und Futtermitteln und zur Bekämpfung des Kettenhandels vom 24. Juni 1916 in der Fassung der Bekanntmachung vom 16. Juli 1917 (RGBl. 1916 S. 581; 1917 S. 626);
4. die Verordnung über Kettenhandel in Textilien und Textilersatzstoffen vom 8. Februar 1917 (RGBl. S. 112);
5. § 9 Abs. 1 Nr. 2 der Verordnung über den Handel mit Arzneimitteln vom 22. März 1917 (RGBl. S. 270);
6. § 9 Abs. 1 Nr. 2 der Verordnung über den Handel mit Tabakwaren vom 28. Juni 1917 (RGBl. S. 563).

Die Verordnung gegen übermäßige Preissteigerung vom 23. Juli 1915 (RGBl. S. 467) erhält die Überschrift „Verordnung über die Enteignung von Gegenständen des täglichen Bedarfs".

In der Überschrift der Verordnung über den Handel mit Lebens- und Futtermitteln und zur Bekämpfung des Kettenhandels vom 24. Juni 1916 (RGBl. S. 581) werden die Worte „und zur Bekämpfung des Kettenhandels" gestrichen.

Soweit in anderen Vorschriften auf die nach Abs. 2 aufgehobenen Bestimmungen verwiesen ist, treten die entsprechenden Vorschriften dieser Verordnung an ihre Stelle.

§ 22. Der Reichskanzler bestimmt, wann und in welchem Umfange diese Verordnung außer Kraft tritt.

Berlin, den 8. Mai 1918.

Der Reichskanzler.
In Vertretung: Dr. von Krause.

Bekanntmachung über den Handel mit Karton, Papier und Pappe.

Vom 17. Mai 1918 (RGBl. S. 417).

Auf Grund der Verordnung des Bundesrats über Papier, Karton und Pappe vom 15. September 1917 (RGBl. S. 835) wird folgendes bestimmt:

§ 1. Der Handel[1] mit unbedrucktem und unbeschriebenem Papier, Karton und Pappe ist vom 24. Mai 1918 ab nur solchen Personen gestattet[2], die mit diesen Waren bereits vor dem 1. Januar 1916 Handel getrieben haben. Den hiernach zum Handel berechtigten Personen kann die Handelsbefugnis entzogen werden, wenn Tatsachen vorliegen, die die Unzuverlässigkeit[3] des Händlers in bezug auf den Handelsbetrieb dartun.

1. Ohne Unterschied, ob Groß- oder Kleinhandel. Auch die Handelsvertreter (Agenten), die Geschäfte selbständig vermitteln, müssen (nach dem Vorgange bei der Erlaubnis für den Handel mit Lebens- und Futtermitteln) als unter diese Bestimmungen fallend angesehen werden. Auf nicht selbständige Vertreter, Reisende und andere Angestellte ist dagegen die Verordnung nicht anzuwenden.

2. Ohne besondere Genehmigung; ein Antrag braucht von diesen Personen nicht gestellt zu werden. Ihre Handels-

befugnis steht im Gegensatze zu der besonders einzuholenden Handelserlaubnis des § 2.

3. Unzuverlässigkeit braucht nicht nur dann vorzuliegen, wenn Bestrafungen wegen Vergehen gegen wichtigere Kriegsverordnungen, besonders wegen übermäßiger Preissteigerung, Höchstpreisüberschreitung, Zurückhaltung von Waren, falscher Bestandangaben u. ä. stattgefunden haben, sie kann auch aus anderen Gründen angenommen werden. Es sei dazu verwiesen auf die preußischen Ausführungsanweisungen zu den Verordnungen über die Fernhaltung unzuverlässiger Personen vom Handel vom 23. September 1915 und über den Handel mit Lebens- und Futtermitteln vom 24. Juni 1916.

4. Strafe: § 9 Nr. 1.

§ 2. Den auf Grund des § 1 vom Handel ausgeschlossenen Personen kann die Erlaubnis zum Handel auf Antrag ausnahmsweise[1] erteilt werden. Die Erlaubnis kann zeitlich, örtlich und sachlich begrenzt sowie unter Bedingungen[2] und auf Widerruf[3] erteilt werden. Wird sie örtlich unbegrenzt erteilt, so wirkt sie für das Reichsgebiet.

1. Die Erteilung liegt im freien Ermessen der zuständigen Stelle (nach Anhörung von Sachverständigen gemäß § 4); besondere Grundsätze über die Erteilung oder Versagung sind nicht vorgeschrieben.

2. Z. B. Buchführungszwang, handelsgerichtliche Eintragung, Verbot marktschreierischer Firmenbezeichnung oder Reklame u. ä.

3. Gründe für den Widerruf sind nicht angegeben; er wird nicht nur wegen Unzuverlässigkeit, sondern auch wegen volkswirtschaftlicher Bedenken erfolgen können.

§ 3. Gegen die Versagung und den Widerruf der Erlaubnis[1] sowie gegen die Entziehung der Handelsbefugnis ist nur Beschwerde[2] zulässig; sie hat keine aufschiebende Wirkung.

1. Auch gegen die Bedingungen einer Genehmigung; vgl. Anm. 2 zu EV. § 6 (S. 18).

2. In Preußen an eine Frist von 10 Tagen gebunden.

§ 4. Die Landeszentralbehörden bestimmen[1], welche Stellen für die Erteilung, Versagung und den Widerruf der Erlaubnis[2] sowie für die Entziehung der Handelsbefugnis und die Entscheidung über Beschwerden[3] zuständig sind. Vor der Entscheidung sind Vertreter des Papierhandels gutachtlich zu hören[4], die von den amtlichen Handelsvertretungen zu benennen sind. Die Landeszentralbehörden bestimmen auch das Nähere über das Verfahren[5].

1. Für Preußen geschehen durch Ausführungsbestimmungen vom 28. Mai 1918 (s. S. 88).

2. In Preußen: in Städten über 10000 Einwohner die Ortspolizeibehörde, im Landespolizeibezirk Berlin der Polizeipräsident, sonst der Landrat bzw. in Hohenzollern der Oberamtmann.

3. In Preußen der Regierungspräsident, im Landespolizeibezirk Berlin der Oberpräsident.

4. Die Erlaubnisstelle muß sie hören, ist aber an ihr Gutachten nicht gebunden.

5. Für Preußen s. Ausführungsbestimmungen Ziff. 2—5 (s. S. 88).

§ 5. Örtlich zuständig zur Entscheidung ist die Stelle, in deren Bezirk die Hauptniederlassung des Handelsbetriebs liegt. Fehlt es an einer inländischen Hauptniederlassung, so bestimmt die Landeszentralbehörde des Bundesstaats, in dem der Handel betrieben wird, die zuständige Stelle.

§ 6. Wer nach § 1 seinen Handel mit unbedrucktem und unbeschriebenem Papier, Karton und Pappe nicht fortsetzen darf[1], darf die davon betroffenen Waren nicht mehr verkaufen oder sonstwie weitergeben[2]. Er hat seine Bestände an solchen Waren binnen 48 Stunden nach Menge und Art sowie unter Beifügung von Mustern der Kriegswirtschaftsstelle für das Deutsche Zeitungsgewerbe in Berlin mittels eingeschriebenen Briefes anzuzeigen. Die Kriegswirtschaftsstelle hat die Waren auf Rechnung und Kosten des Händlers zu verwerten. Ist die Erlaubnis zum Handel nachgesucht, so ist mit der Verwertung nach Möglichkeit bis zur Entscheidung über das Gesuch zu warten. Über Streitigkeiten, die sich aus der Verwertung ergeben, entscheidet endgültig die von der Landeszentralbehörde bestimmte Stelle[3].

Andere Personen[4], die zum Handel mit unbedrucktem oder unbeschriebenem Papier, Karton und Pappe nicht befugt sind und mehr als fünfundzwanzig Kilogramm von einer dieser Waren besitzen, dürfen diese Waren in unbedrucktem und unbeschriebenem Zustand ohne Genehmigung der Kriegswirtschaftsstelle für das Deutsche Zeitungsgewerbe nicht verkaufen oder sonst weitergeben.

1. D. h. wer erst nach dem 1. Januar 1916 mit diesem Handel begonnen oder wer zwar schon vorher gehandelt, seine ihm deshalb zustehende Handelsbefugnis aber durch Entziehung wegen Unzuverlässigkeit verloren hat.

2. Strafe: § 9 Nr. 2.

3. In Preußen der Regierungspräsident, im Landespolizeibezirk Berlin der Polizeipräsident.

4. D. h. Personen, welche, ohne Händler zu sein, Vorräte dieser Waren haben, z. B. Druckereien. Anzeigepflichtig gemäß Abs. 1 dieses Paragraphen sind sie nicht.

§ 7. Das Eigentum an unbedrucktem und unbeschriebenem Papier, Karton und Pappe kann durch schriftliche Anordnung der Kriegswirtschaftsstelle für das Deutsche Zeitungsgewerbe auf eine in der Anordnung bezeichnete Stelle übertragen werden[1]. Das Eigentum geht über, sobald die Anordnung dem Eigentümer oder dem Gewahrsamsinhaber zugeht. Die Kriegswirtschaftsstelle hat für die übernommenen Waren einen angemessenen Übernahmepreis zu zahlen. Erfolgt keine Einigung, so entscheidet über den Übernahmepreis endgültig das Reichsschiedsgericht für Kriegswirtschaft. Über andere Streitigkeiten, die sich aus der Eigentumsübertragung ergeben, entscheidet endgültig die von der Landeszentralbehörde bestimmte Stelle[2].

1. Diese Maßnahme ist auch gegen solche Personen zulässig, welche Handelsbefugnis (§ 1) oder Handelserlaubnis (§ 2) besitzen.

2. S. Anm. 3 zu § 6.

§ 8. Die Kriegswirtschaftsstelle für das Deutsche Zeitungsgewerbe ist befugt, unbedrucktes und unbeschriebenes Papier, Karton und Pappe zu beschlagnahmen[1]. Die Beschlagnahme erfolgt durch Mitteilung an denjenigen, der die Gegenstände im Besitze hat. Sie tritt mit dem Zugehen der Mitteilung in Kraft. Die Beschlagnahme hat die Wirkung, daß die Vornahme von Veränderungen an den von ihr berührten Gegenständen verboten[2] ist und rechtsgeschäftliche Verfügungen über sie nichtig sind. Den rechtsgeschäftlichen Verfügungen stehen Verfügungen gleich, die im Wege der Zwangsvollstreckung oder Arrestvollziehung erfolgen. Trotz der Beschlagnahme sind alle Veränderungen und Verfügungen zulässig, die mit Zustimmung der Kriegswirtschaftsstelle für das Deutsche Zeitungsgewerbe erfolgen.

Der von der Beschlagnahme Betroffene ist verpflichtet, die Gegenstände zu verwahren und pfleglich zu behandeln[3]. Die Beschlagnahme verliert ihre Wirkung, wenn die Kriegswirtschaftsstelle für das Deutsche Zeitungsgewerbe dem von der Beschlagnahme Betroffenen nicht binnen vier Wochen eine

Anordnung über die Eigentumsübertragung gemäß § 7 zugehen läßt.

1. Diese Beschlagnahme ist, wie aus Abs. 2 hervorgeht, eine vorläufige Maßnahme, um eine etwaige Eigentumsübertragung gemäß § 7 vorzubereiten und sicherzustellen.

2. Strafe: § 9 Nr. 3.

3. Strafe: § 9 Nr. 4.

§ 9. Mit Gefängnis bis zu sechs Monaten und mit Geldstrafe bis zu zehntausend Mark oder mit einer dieser Strafen wird bestraft:

1. wer entgegen den Vorschriften des § 1 mit unbedrucktem oder unbeschriebenem Papier, Karton und Pappe Handel treibt,
2. wer entgegen den Vorschriften des § 6 Bestände an unbedrucktem oder unbeschriebenem Papier, Karton und Pappe verkauft oder sonstwie weitergibt, oder wer die vorgeschriebenen Anzeigen nicht oder nicht rechtzeitig oder wissentlich falsch erstattet,
3. wer unbefugt einen nach § 8 beschlagnahmten Gegenstand beiseite schafft, beschädigt oder zerstört, verwendet, verkauft oder kauft[1] oder ein anderes Veräußerungs- oder Erwerbsgeschäft über ihn abschließt,
4. wer der durch § 8 auferlegten Verpflichtung, die beschlagnahmten Gegenstände zu verwahren und pfleglich zu behandeln, zuwiderhandelt.

Neben der Strafe kann auf Einziehung der Waren erkannt werden, auf die sich die strafbare Handlung bezieht, ohne Unterschied, ob sie dem Täter gehören oder nicht.

1. Bemerkenswert ist hier die Strafbarkeit des Käufers.

§ 10. Die Bekanntmachung tritt mit dem Tage der Verkündung[1] in Kraft. Gleichzeitig tritt der

§ 9 der Bekanntmachung über Papier, Karton und Pappe vom 20. September 1917 (RGBl. S. 841 außer Kraft.

1. D. h. am 24. Mai 1918.

Berlin, den 17. Mai 1918.

Der Reichskanzler.

In Vertretung: Freiherr von Stein.

Ausführungsbestimmungen des Ministers für Handel und Gewerbe zu der Bekanntmachung über den Handel mit Karton, Papier und Pappe vom 17. Mai 1918 (RGBl. S. 417).

Vom 28. Mai 1918.

(Ministerialblatt für Handel und Gewerbe Nr. 11 S. 211.)

Auf Grund der §§ 1 bis 7 der Bekanntmachung über den Handel mit Karton, Papier und Pappe vom 17. Mai 1918 (RGBl. S. 417) wird zur Ausführung dieser Bekanntmachung folgendes bestimmt:

Zu §§ 1 bis 5.

1. Für die Erteilung und den Widerruf der Erlaubnis zum Handel mit unbedrucktem und unbeschriebenem Papier, Karton und Pappe sowie für die Entziehung der Handelsbefugnis ist

in den Städten über 10000 Einwohnern die Ortspolizeibehörde,

im Landespolizeibezirk Berlin der Polizeipräsident zu Berlin,

im übrigen der Landrat und in den Hohenzollernschen Landen der Oberamtmann

zuständig.

2. Der Antrag auf Erteilung der Erlaubnis (§ 2) ist schriftlich einzureichen. Dem Antrag ist die Gebühr für die Entscheidung (Ziff. 4) beizufügen.

3. Die zuständige Behörde (Ziff. 1) hat zur Vorbereitung der zu treffenden Entscheidung die für erforderlich erachteten

Erhebungen anzustellen. Sie kann jederzeit die Vorlegung der Handelsbücher sowie eine Auskunft über die Persönlichkeit der Angestellten des Antragstellers verlangen. Vor dem Widerruf einer Erlaubnis sowie vor der Entziehung der Handelsbefugnis ist den Beteiligten Gelegenheit zur Geltendmachung etwaiger Einwendungen zu geben.

4. Die Entscheidungen über die Erteilung der Erlaubnis (§ 2) sind gebührenpflichtig. Die Gebühr beträgt für Handelsbetriebe, die gemäß §§ 6, 8 des Gewerbesteuergesetzes vom 24. Juni 1891 (GS. S. 205) zur Gewerbesteuerklasse I veranlagt sind, 50 M., für die der Gewerbesteuerklasse II 25 M., der Gewerbesteuerklasse III 5 M. Für Betriebe der Gewerbesteuerklasse IV und die gemäß §§ 5, 7 des Gesetzes von der Gewerbesteuer befreiten Betriebe ergeht die Entscheidung gebührenfrei.

5. Die Frist zur Einlegung der Beschwerde (§ 3) beträgt 10 Tage. Über sie entscheidet endgültig der Regierungspräsident, in dessen Bezirk die zur Erteilung oder Entziehung der Erlaubnis zuständige Stelle ihren Sitz hat, soweit der Landespolizeibezirk in Berlin in Betracht kommt, der Oberpräsident.

6. Fehlt es an einer inländischen Hauptniederlassung des Handeltreibenden, so bestimmt, wenn der Handel sich auf ein die Grenzen eines Regierungsbezirks nicht überschreitendes Gebiet erstreckt oder für ein die Grenzen eines Regierungsbezirks nicht überschreitendes Gebiet nachgesucht wird, der Regierungspräsident die zuständige Behörde (Ziff. 1); im übrigen ist der Polizeipräsident in Berlin zuständig.

Zu §§ 6 und 7.

7. Über Streitigkeiten, die sich zwischen den Beteiligten aus der Verwertung und der Eigentumsübertragung ergeben, entscheidet endgültig der Regierungspräsident, in dessen Bezirk sich die zu verwertenden oder zu übertragenden Waren befinden, im Landespolizeibezirk Berlin der Polizeipräsident.

Im Auftrage:
Dr. Neuhaus.

Sachregister.

(Die eingeklammerten Ziffern verweisen auf die Seiten.)

A.

B.

W.

Z.

Druck von A. W. Hayn's Erben, Potsdam.

Guttentagsche Sammlung Deutscher Reichsgesetze.

Nr. 9. Sammlung **kleinerer strafrechtlicher Reichsgesetze.** Von Prof. Dr **R. H. Kriegsmann. 3. Aufl. — 1910.** 4,50 ℳ

Nr. **10.** Das **Reichsbeamtengesetz** vom 31. März 1873. Von **J. Pieper. — 2. Aufl. 1901.** 5,— ℳ

Reichsbeamtengesetz von **1907**, siehe Nr. **82.**

Nr. **11. Zivilprozeßordnung mit Gerichtsverfassungsgesetz.** Von **R. Sydow.** Fortgeführt von Reichs-G.Rat **L. Busch. 14. Aufl.** mit Nachtrag, Novellen vom 9. Sept. 1915 u. 18. Mai 1916. **8°. — 1913.** 9,— ℳ

Nr. **12. Strafprozeßordnung und Gerichtsverfassungsgesetz** nebst den Gesetzen, betr. die Entschädigung der im Wiederaufnahmeverfahren freigesprochenen Personen und die Entschädigung für unschuldig erlittene Untersuchungshaft. Von Reichs-G.Rat Dr **A. Hellweg. 17. Aufl.,** bearbeitet von Prof. Dr **Kohlrausch. — 1918.** 5,50 ℳ

Nr. **13. Konkursordnung und Anfechtungsgesetz.** Von **R. Sydow.** Fortgeführt von **L. Busch. 12. Aufl. — 1910.** 4,20 ℳ

Nr. **14. Gerichtsverfassungsgesetz** mit Einführungsgesetz. Herausgegeben von **R. Sydow.** Fortgeführt von **L. Busch. 9. Aufl. — 1905.** 1,80 ℳ

Nr. **15. Das Deutsche Gerichtskostengesetz** nebst den Gebührenordnungen für Gerichtsvollzieher, Zeugen und Sachverständige. Von **R. Sydow.** Bearbeitet von **L.** und **A. Busch. 9. Aufl.** mit Nachtrag, enth. die Novelle vom 10. Juni 1914. **1912.** 3,— ℳ

Nr. **16. Rechtsanwaltsordnung.** Von **R. Sydow. 5. Aufl.** von Justizrat **M. Jacobsohn.** Mit Nachtrag, enth. die Bestimmungen vom 22. Mai 1910. — **1907.** 1,50 ℳ

Nr. **17.** Die **Deutsche Gebührenordnung für Rechtsanwälte und das Preußische Gebührengesetz** vom 27. IX. / 6. X. 1899.

Von R. Sydow. Fortgeführt von L. und A. Busch. 11. Aufl. Mit Nachtrag, enth. die Bestimmungen vom 8. Nov. 1916. — 1914. 3,40 ℳ

Nr. 18. **Reichsstempelgesetz** vom 3. Juli 1913. (Börsen-, Lotterie-, Frachturkunden-, Fahrkarten-, Kraftfahrzeug-, Tantieme-, Scheck- und Grundstücksübertragungssteuer.) Mit den gesamten Ausführungsbestimmungen. 12. Aufl. von Geh. Reg.-Rat P. Loeck, mit Nachtrag, enth. das Frachturkunden- und Warenumsatzstempelgesetz vom 17. und 26. Juni 1916. — 1914. 8°. 10,— ℳ

Nr. 19. Die **Seegesetzgebung.** Von Dr W. E. Knitschky. 5. Aufl. bearbeitet von Ober-L.G.Rat O. Rudorff. — 1913. 8,50 ℳ

Nr. 20. **Krankenversicherungsgesetz** (1883). Von weil. Dr E. von Woedtke. — Neue Fassung (1911), siehe Nr. 107.

Nr. 21. Die **Konsulargesetzgebung.** Von Prof. Dr Ph. Zorn. 3. Aufl. von Dr A. Zorn. — 1911. 5,— ℳ

Nr. 22. **Patentgesetz.** Nebst Ausführungsbestimmungen, völkerrechtlichen Verträgen und der Patentanwalts-Ordnung. 7. Aufl. bearbeitet von R. Lutter, Geh. Reg.Rat im Kaiserl. Patentamt. — 1908. 3,20 ℳ

(**Kriegsvorschriften auf dem Gebiete des gewerblichen Rechtsschutzes.** Von R. Lutter. — 1917. 8°. 2,50 ℳ.)

Nr. 23. **Gewerbe-Unfallversicherungsgesetz.** (1884.) Von weil. Dr E. v. Woedtke. — Neue Fassung (1911), siehe Nr. 108.

Nr. 24. **Aktiengesellschaft und Kommanditgesellschaften auf Aktien.** Von Dr H. Keyßner und Dr H. Veit Simon. 6. Aufl. von Amtsrichter L. Keyßner. — 1911. 3,40 ℳ

Nr. 25. **Brausteuergesetz** vom 15. Juli 1909. Von Oberzollrevisor A. Düffe. 2. Aufl. — 1910. 3,40 ℳ

Nr. 26. Die **Reichsgesetzgebung über Münz- und Notenbankwesen,** Papiergeld, Prämienpapiere und Reichsschulden. Von Dr R. Koch. 6. Aufl. — 1910. 4,50 ℳ

Nr. 27. **Gesundheitswesen im Deutschen Reich.** Von Dr jur. **E. Goesch** und Dr med. **J. Karsten.** — **1888.** 2,— ℳ

Nr. 28. Bau-Unfallversicherungsgesetz. Vom 30. Juni 1900. Von **R. Chrzescinski.** Neue Fassung **(1911)**, siehe Nr. **108.**

Nr. **29. Erwerbs- und Wirtschaftsgenossenschaften.** Von **L. Parisius** und Dr **H. Crüger. 15. neu bearbeitete Aufl.** von Dr **H. Crüger.** — **1916.** 3,— ℳ

Nr. **30. Invalidenversicherungsgesetz** (1899). Von weil. Dr **E. v. Woedtke.** Neue Fassung **(1911)**, siehe Nr. **109.**

Nr. **31. Gewerbegerichtsgesetz.** Von Stadtrat **L. Mugdan. 7. Aufl.** bearbeitet von Oberbürgermeister **W. Cuno.** — **1911.** 2,80 ℳ

Nr. **32.** Reichsgesetz, betr. die **Gesellschaften mit beschränkter Haftung.** Von **L. Parisius** und Dr **H. Crüger. 13. Aufl.** von Dr **H. Crüger.** — **1914.** 2,40 ℳ

Nr. **33. Vereins- und Versammlungsrecht.** Von Dr **E. Ball. 2. Aufl.** von Dr **F. Friedenthal.** — **1907.** 2,80 ℳ

Reichs-Vereinsgesetz vom 19. April 1908, siehe Nr. **88.**

Nr. **34.** Die **Abzahlungsgeschäfte.** Gesetz vom 16. Mai 1894. **3. Aufl.** von Land-G.Rat Dr **E. Wilke.** — **1910.** 1,60 ℳ

Nr. **35.** Die **Reichs-Eisenbahngesetzgebung.** Von Kaiserl. Amtsrichter **W. Coermann.** — **1895.** 2,60 ℳ. S. auch Nr. **66.**

Nr. **36.** Gesetze, betr. die **privatrechtlichen Verhältnisse der Binnenschiffahrt und der Flößerei.** Von Geh. J.Rat **E. Löwe. 5. Aufl.** — **1915.** 4,— ℳ

Nr. **37.** Gesetz gegen den **unlauteren Wettbewerb.** Von Justizrat **A. Pinner. 6. Aufl.** — **1912.** 1,80 ℳ

Nr. 38/39. **Bürgerliches Gesetzbuch nebst Einführungsgesetz** von Dr **A. Achilles.** In Verbindung mit Prof. Dr **André,** Kammer-G.Rat **Ritgen,** Reichs-G.Rat Dr **Strecker,** Staatsrat Dr **v. Unzner.** Herausgegeben von Wirkl. Geh. Ob.J.Rat u. Ober-L.G.Präsident **Greiff. 8.** vermehrte **Aufl. 8°. — 1916.** 10,— *M*

Nr. **40.** Gesetz, betr. die **Pflichten der Kaufleute bei Aufbewahrung fremder Wertpapiere [Depotgesetz].** Von Min.-Dir. **F. Lusensky. 3. Aufl. — 1916.** 2,50 *M*

Nr. **41. Börsengesetz.** Von Wirkl. Geh.Ob.Reg.Rat **Th. Hemptenmacher. 3. Aufl.** von Syndikus **O. Meyer. — 1915.** 4,— *M*

Nr. **42. Grundbuchordnung** nebst den preuß. Ausf.-Bestimmungen. Von Prof. Dr **O. Fischer. 6. Aufl.** mit Nachtrag, enth. die Ergänzungen. **— 1913.** 2,25 *M*

Nr. **43. Zwangsvollstreckung in das unbewegliche Vermögen** im Reiche und in Preußen. Kosten- und Gebührentabellen. Von Dr **J. Krech** u. Dr **O. Fischer. 8. Aufl.** bearbeitet von Prof. Dr **O. Fischer. — 1916.** 3,— *M*

Nr. **44.** Das Reichsgesetz über das **Auswanderungswesen.** Von Prof. Dr **F. Stoerk. — 1899.** 2,50 *M*

Nr. **45.** Das **Entmündigungsrecht** mit den für Preußen geltenden Vorschriften nebst Just.-Min.-Verfügung vom 28. Nov. 1899. Von Land-G.Rat Dr **P. Koll. — 1900.** 1,80 *M*

Nr. **46.** Die Gesetze des Reiches und Preußens über die **freiwillige Gerichtsbarkeit.** Von Amts-G.Rat **H. Jastrow. 5. Aufl. — 1911.** 4,— *M*

Vergriffen! — Neue Auflage in Vorbereitung.

Nr. **47.** Das **deutsche Vormundschaftsrecht** und das preuß. Gesetz über die Fürsorgeerziehung Minderjähriger nebst den dazu gehörigen preuß. Nebengesetzen. Von Ober-Verw.G.Rat **M. Schultzenstein** u. Amts-G.Rat Dr **P. Köhne. 2. Aufl. — 1901.** 3,40 *M*

Nr. **48.** Gesetze, betr. den **Drogen-, Gift- und Farbenhandel** außerhalb der Apotheken. Von Dr **J. Broh.** — **1899.** 1,50 *M*

Nr. **49.** Deutsche **Kolonialgesetzgebung.** Von Geh. J.Rat Prof. Dr **Ph. Zorn.** **2. Aufl.** von G.Assessor Dr **Sassen.** — **1913.** 8,— *M*

Nr. **50.** Der **Viehkauf [Viehgewährschaft] nach dem BGB.** Verordnung betr. die Hauptmängel und Gewährsfristen beim Viehhandel. Von Rechtsanwalt Dr **H. Stölzle** und Königl. Reg.- u. Vet.Rat **H. Weiskopf.** **5. Aufl.** — **1913.** 6,50 *M*

Nr. **51.** **Hypothekenbankgesetz** vom 13. Juli 1899. Von Dr **H. Göppert.** **2. Aufl.** bearbeitet von Geh. Reg.Rat Dr **Seidel.** **1911.** — 2,60 *M*

Nr. **52.** Gesetz, betr. die gemeinsamen **Rechte der Besitzer von Schuldverschreibungen.** Von Dr **H. Göppert.** **2. Aufl.** bearbeitet von Amtsrichter Dr **E. Trendelenburg.** — **1915.** 2,— *M*

Nr. **53.** **Reichspreßgesetz** vom 7. Mai 1874. Mit Kommentar von Bürgermeister **A. Born.** **2. Aufl.** — **1911.** 2,40 *M*

Nr. **54.** Die Reichsgesetzgebung über den Verkehr mit **Nahrungsmitteln, Genußmitteln und Gebrauchsgegenständen.** Von Dr **G. Lebbin,** Nahrungsmittelchemiker in Berlin. — **1900.** 2,50 *M*

Nr. **55.** Das Recht der **Beschlagnahme von Lohn- und Gehaltsforderungen.** Von Justizrat **G. Meyer.** **5. Aufl.** — **1914.** 3,— *M*

Nr. **56.** Gesetz, betr. die **Bekämpfung gemeingefährlicher Krankheiten.** Nebst Ausf.-Bestimmungen. Von Reg.Rat Dr **B. Burkhardt.** — **1900.** 1,60 *M*

Nr. **57.** **See-Unfallversicherungsgesetz (1887).** Von Ober-L.G.Rat Dr **M. Mittelstein.** — Neue Fassung **1911,** siehe Nr. **108.**

Nr. 58. **Das Recht der unehelichen Kinder nach dem BGB.** Von Amtsgerichtsrat. **H. Jastrow. — 1901.** 2,— *M*

Nr. 59. Reichsgesetz über die **Beurkundung des Personenstandes und die Eheschließung.** Von Amts-G.Rat Dr **F. Fidler. 2. Aufl. — 1912.** 2,80 *M*

Nr. 60. Gesetz, betr. das **Urheberrecht an Werken der Literatur und der Tonkunst.** Von Geh. Ob.J.Rat **O. Lindemann. 3. Aufl. — 1910.** 1,80 *M*

Nr. 61. Gesetz über das **Verlagsrecht.** Von Rechtsanwalt Dr **B. Marwitz. 2. Aufl. — 1911.** 2,— *M*

Nr. 62. Gesetz über **private Versicherungsunternehmungen.** Von Reichs-G.Rat **H. Könige. 2. Aufl. — 1910.** 4,50 *M*

Nr. 63. **Gesetzestafel des Deutschen Reichsrechts.** Systematisch geordnete Nachweisung des z. Z. geltenden Reichsrechts. Von **H. Bruhns. 2. Aufl. — 1913.** 4,— *M*

Nr. 64. Gesetzsammlung betr. den **Handel mit Drogen und Giften.** Mit Anhang: landesgesetzliche Verordnungen sämtlicher Bundesstaaten. Von Rechtsanwalt **H. Sonnenfeld,** Syndikus der Berliner Drogisten-Innung. **2. Aufl. — 1912.** 4,50 *M*

Nr. 65. **Das Weingesetz** in der Fassung von 1909. Mit Ausf.-Bestimmungen von Dr **G. Lebbin,** Nahrungsmittelchemiker. **2. Aufl. — 1909.** 2,80 *M*

Nr. 66. Die **Eisenbahn-Gesetzgebung.** Von **W. Pietsch,** Rechn.Rat im Reichseisenbahnamt. **2. Aufl. — 1913.** 4,— *M*

Nr. 67. **Militär-Strafgesetzbuch für das Deutsche Reich.** Von Wirkl. Geh. Kriegsrat Dr **A. Romen** und Kriegsgerichtsrat Dr **C. Rissom. 3. Aufl. — 1918.** 15,— *M*
— — Feldausgabe in 2 Bänden, gebunden 16,— *M*

Nr. 68. Das **Fleischbeschaugesetz.** Vom 3. Juni 1900. Von Dr **G. Lebbin** u. Dr **G. Baum. — 1903.** 4,50 *M*

Nr. **69.** Reichsgesetz über die **Naturalleistungen der bewaffneten Macht im Frieden** nebst den preußischen Bestimmungen. Von Dr **W. v. Hippel. — 1903.** 1,60 *M*

Nr. **70.** Das **Reichs-Haftpflichtgesetz** vom 7. Juni 1871. Von Reg.Rat Dr **G. Eger. — 1903** Vergriffen.

Nr. **71.** Gesetz betr. **Kinderarbeit in gewerblichen Betrieben** vom 30. März 1903. Von Ober-Verw.G.Rat **H. Spangenberg. 2. Aufl. — 1904.** 1,80 *M*

Nr. **72. Unfallversicherungsgesetz für Land- und Forstwirtschaft.** (1886). Von weil. Dr **E. v. Woedtke.** Siehe Nr. **108.**

Nr. **73. Entschädigung für unschuldig erlittene Verhaftung und Bestrafung.** Anhang: Nebengesetze über Schadensersatz. Von Wirkl. Geh. Kriegsrat Dr **A. Romen. — 1904.** 2,40 *M*

Nr. **74.** Die **Kaufmannsgerichte** nebst Ausf.-Bestimmungen. Von Prof. Dr **M. Apt. 3. Aufl. — 1904.** 2,40 *M*
Siehe auch Nr. **112.**

Nr. **75.** Reichsgesetz über die **Konsulargerichtsbarkeit.** Von Rechtsanwalt Dr **A. F. Vorwerk,** Schanghei. **2. Ausgabe,** mit den Schutzgebietsgesetzen. — **1908.** 2,40 *M*

Nr. **76. Die Rechtshilfe im Verkehr mit den ordentlichen Gerichten** nach deutschem Reichsrecht. Von Landrichter Dr **A. Friedländer. — 1906.** 2,— *M*

Nr. **77. Das Reichserbschaftssteuergesetz.** Vom 3. Juni 1906. Von **U. Hoffmann. 3. Aufl.** in Vorbereitung.

Nr. **78. Zigarettensteuergesetz.** Vom 3. Juni 1906. Von Reg.Assessor Dr **Cuno.**

Nr. **79. Die Militärpensionsgesetze** vom 31. Mai 1906 nebst Ausf.-Bestimmungen. Zum Gebrauch für Heer, Marine und Schutztruppe von Wirkl. Geh. Kriegsrat Dr **A. Romen**

a) I. Teil: **Offizierpensionsgesetz. — 1907.** 3,80 *M*

b) II. Teil: **Mannschaftsversorgungsgesetz** mit Nachtrag, enth. **Kapitalabfindungsgesetz** vom 3. Juli 1916. — **1908.** 3,80 *M*

Nr. **80.** Reichsgesetzgebung über **gerichtliche Registerführung.** Von Geh. Ob.J.Rat **O. Lindemann. — 1906.** 3,40 *M*

Nr. **81. Urheberrecht an Werken der bildenden Künste und der Photographie.** Von Rechtsanwalt Dr **L. Fuld. — 1907.** 1,25 *M*

Nr. **82. Reichsbeamtengesetz** vom 18. Mai 1907 mit Ergänzungen von Geh.Rat Prof. Dr **A. Arndt. — 1908.** 3,40 *M*

Nr. **83.** Reichsgesetz über den **Versicherungsvertrag** nebst Einführungsgesetz. Von Dr **P. Hager** und Dr **E. Bruck. 3. verm. u. verb. Aufl. — 1913.** 6,50 *M*

Nr. **84. Sammlung kleinerer privatrechtlicher Reichsgesetze.** Von Ober-L.G.Rat **G. Müller. — 1908.** 7,— *M*

Nr. **85. Scheckgesetz.** Von Prof. Dr **M. Apt.** Vergriffen. Siehe Nr. **113.**

Nr. **86. Die Auslieferungsverträge des Deutschen Reiches.** Von Landrichter Dr **A. Cohn. — 1908.** 4,50 *M*

Nr. **87.** Gesetz zum **Schutz der Warenbezeichnungen.** Von Geh. Reg.Rat, Mitgl. des Kaiserl. Patentamts Dr **Freund** und Rechtsanwalt **Magnus. 5. Aufl. — 1909.** 4,— *M*

Nr. **88. Vereinsgesetz** vom **19.** April 1908. Von Wirkl. Geh. Kriegsrat Dr **A. Romen.** Mit den **neuen Bestimmungen** über **Jugendliche und Gewerkschaften. 4. Aufl. — 1916.** 3,50 *M*

Nr. **89. Vogelschutzgesetz** vom 30. Mai 1908 nebst den das Flugwild betr. Bestimmungen der Preuß. Jagdordnung. Von Dr **L. v. Borberger. — 1909.** 1,25 *M*

Nr. **90.** Die Haager Abkommen über das **Internationale Privatrecht.** Von Dr **G. Bogeng. — 1908.** 2,50 ℳ

Nr. **91. Eisenbahn-Verkehrsordnung** mit Ausf.-Bestimmungen. Von Reg.Rat Dr **E. Blume. — 1909.** 2,80 ℳ

Nr. **92.** Gesetz, betr. den **Verkehr mit Kraftfahrzeugen.** Von Amts-G.Rat **R. Kirchner. 3. Aufl. — 1915.** 4,50 ℳ

Nr. **93.** Gesetz über die **Sicherung der Bauforderungen.** Von Justizrat Dr **E. Harnier. 3. Aufl. — 1912.** 1,80 ℳ

Nr. **94. Haftpflicht der Reichs- und Staatsbeamten** von Dr **H. Delius. 2. Aufl.,** mit dem Gesetz über Haftung des Reichs für Beamte vom 22. Mai 1909. — **1909.** 3,80 ℳ

Nr. **95.** Die Berner Übereinkunft über **Internationales Urheberrecht.** Von Geh.Rat Dr **H. Dungs. — 1910.** 1,25 ℳ

Nr. **96. Branntweinsteuergesetz** vom 15. Juli 1909 mit den für das Reich erlassenen Ausf.-Bestimmungen und Kriegsverordnungen. **2. Aufl.,** bearbeitet von Reg.-Assessor Dr **K. Kniebe,** Hilfsarbeiter im Reichsamt d. Innern. — **1916.** 4,— ℳ

Nr. **97. Schutzgebietsgesetz** nebst V.O. betr. die Rechtsverhältnisse in den Schutzgebieten, dem G. über die Konsulargerichtsbarkeit sowie den Ausf.-Bestimmungen. Von **J. Gerstmeyer,** Wirkl. Legationsrat und vortr. Rat im Reichskolonialamt. — **1910.** 3,40 ℳ

Nr. **98. Sechs Haager Abkommen** über **Internationales Privatrecht.** Von Geh. Ob.Reg.Rat Dr **H. Dungs. — 1910.** 1,80 ℳ

Nr. **99. Die Abkommen der Haager Friedenskonferenz.** Von Dr **H. Wehberg. — 1910.** 3,40 ℳ

Nr. **100.** Gesetz über den **Absatz von Kalisalzen.** Von Geh. Bergrat **E. Voelkel. — 1910.** 2,60 ℳ

Nr. **101. Zuwachssteuergesetz** vom 14. Februar 1911. Von Geh. Reg.Rat Dr **W. Cuno. — 1911.** 4,— M

Nr. **102. Urheberrecht an Mustern und Modellen** und Ges. betr. Schutz von **Gebrauchsmustern.** Von Reg.Rat **J. Neuberg,** Mitgl. d. Kaiserl. Patentamts. — **1911.** 2,60 M

Nr. **103. Reichs-Viehseuchengesetz** vom 26. Juni 1909 nebst Ausführungsvorschriften u. dem preuß. Ausführungsgesetz. Von Landrat Dr **W. v. Hippel. 2. Aufl. — 1912.** 5,— M

Nr. **104. Versicherungsgesetz für Angestellte** vom 20. Dez. 1911. Von Rechtsanwalt **O. Bernstein** und Dr **J. Kupferberg. 2. Aufl. — 1912.** 3,80 M

Nr. **105. Das Geldwesen in den deutschen Schutzgebieten.** Von **W. Hintze,** Geh. Sekr. im Reichskolonialamt. — **1912.** 2,25 M

Nr. **106–109. Reichs-Versicherungsordnung nebst Einführungsgesetz.** Herausgegeben unter Mitwirkung von Dr **F. Caspar,** Wirkl. Geh. Rat, Direktor im Reichsamt d. Innern und **A. Spielhagen,** Geh. Ob.Reg.Rat, vortr. Rat im Reichsamt d. Innern. **4 Bände.**

Nr. **106.** I., V. u. VI. Buch. **Gemeinsame Vorschriften. — Beziehungen der Versicherungsträger zu einander und zu anderen Verpflichteten. — Verfahren.** Von Dr **K. Lippmann,** Reg.Rat im Reichs-Vers.Amt, Geh. Reg.Rat Dr **L. Laß** und Geh. Reg.Rat **H. Siefart,** vortr. Räte im Reichsamt d. Innern. — **1913.** 6,50 M

Nr. **107.** II. Buch. **Krankenversicherung.** Von Geh. Reg.Rat **H. Siefart** und Reg.Rat Dr **F. Sitzler. — 1916.** 7,50 M

Nr. **108.** III. Buch. **Unfallversicherung.** Von Geh. Reg.Rat **A. Radtke,** Senatsvors. im R.Vers.Amt. — **1913.** 8,50 M

Nr. **109.** IV. Buch. **Invaliden- und Hinterbliebenenversicherung.** Von Geh. Ob.Reg.Rat **B. Jaup,** vortr. Rat im Reichsamt d. Innern, und **H. Follmann,** Geh. Reg.Rat im R.Vers.Amt. — **1912.** Mit Nachtrag. 1914—1916. 4,50 M

Nr. **110. Wehrbeitragsgesetz** mit Ausf.-Bestimmungen. Von Wirkl.Geh.Ob.Fin.Rat **A. Fernow. 2. Aufl. — 1913.** 2,25 M

Nr. **11. Gewerbesteuergesetz.** Von Wirkl. Geh. Ob. Fin. Rat **L. Fernow. 6., vermehrte Aufl. — 1915.** 4,80 ℳ

Nr. **12. Allgemeines Berggesetz.** Mit seinen Novellen und Nebengesetzen. **3. Aufl.,** bearbeitet von den Oberbergräten **Schlüter** und **Hense. — 1913.** 8,— ℳ

Nr. **13. Ergänzungssteuergesetz** (Vermögenssteuergesetz). Von Wirkl. Geh. Ob. Fin. Rat **A. Fernow. 5. Aufl.** Mit Nachtrag, enth. Ges. betr. Erhöhung der Zuschläge vom 8. Juli 1916. **— 1914.** 4,50 ℳ

Nr. **14. Kommunalabgabengesetz.** Vom 14. Juli 1893 und Ges. wegen Aufhebung direkter Staatssteuern. Von Oberbürgermeister Dr **F. Adickes. 5. Aufl.** bearbeitet von Stadtrat Dr **Woell. — 1911.** 2,60 ℳ

Vergriffen, neue Auflage in Vorbereitung.

Nr. **15.** Die **Kreisordnungen** für den Preußischen Staat. Von Land-G. Rat **O. Kolisch. — 1894.** 4,20 ℳ

Nr. **16. Konzessionierung gewerblicher Anlagen.** Von Geh. Reg. Rat Dr **W. v. Rüdiger. 2. Aufl. — 1901.** 2,— ℳ

Nr. **17.** Preußisches **Gerichtskostengesetz.** Vom 25. Juli 1910. Mit Kostentabellen. Von Kammer-G. Rat Dr **P. Simeon. 7. Aufl. — 1913.** Mit Nachtrag: Abänderungen vom 17. Febr. 1917. 4,50 ℳ

Nr. **18.** Preußisches **Stempelsteuergesetz** vom 30. Juni 1909. Mit sämtlichen Ausf.-Bestimmungen. Von **P. Loeck. 8. Aufl.** von Reg. Rat **W. Seyffarth. — 1914.** 9,— ℳ

Nr. **19.** Das **Jagdscheingesetz.** Von Wirkl. Geh. Ob. Reg. Rat **F. Kunze. 2. Aufl. — 1899.** 2,25 ℳ

Nr. **20.** Die **preußischen Erbschaftssteuergesetze.** Von Rechn. Rat **A. Hoffmann. — 1905.** 4,— ℳ
(**Reichs**-Erbschaftssteuergesetz siehe Reichsgesetze Nr. **77**).

Nr. **21.** Gesetz über die **Handelskammern.** Von Min. Dir. **F. Lusensky. 2. Aufl. — 1909.** 3,40 ℳ

Nr. **22.** Gesetz, betr. **Anstellung und Versorgung der Kommunalbeamten.** Von Dr **W. Ledermann. 2. Aufl.,** bearbeitet von Dr **L. Brühl. — 1914.** 2,40 *M*

Nr. **23. Ausführungsgesetz zum Bürgerlichen Gesetzbuche.** Von Kammer-G.Rat Dr **P. Siméon. 3. Aufl. — 1914.** 2,40 *M*

Nr. **24.** Die **Hinterlegungsordnung. (1879)** Von Reg.Rat Dr **G. Bartels. 2. Aufl. — 1908.** 2,— *M*

— —, Abänderungsgesetz vom 21. April 1913 siehe Nr. **53.**

Nr. **25. Preußische Kommunalbeamtengesetzgebung.** Von Mag.Assessor Dr **F. Kremski,** Berlin. — **1901.** 3,40 *M*

Nr. **26.** Gesetze über das **Diensteinkommen der Lehrer und Lehrerinnen, Ruhegehalt und Hinterbliebenenfürsorge.** Tabelle zur Berechnung der Ruhegehalts-, Witwen- und Waisenbezüge. Von Bürgermeister Dr **E. Cremer. — 1900.** 2,60 *M*

Nr. **27.** Gesetz, betr. die **Warenhaussteuer.** Von Geh. Ob.Fin.Rat Dr **G. Strutz. — 1900.** 1,50 *M*

Nr. **28.** Die **Fürsorgeerziehung Minderjähriger.** Von Geh. Justizrat Dr **P. F. Aschrott.** Mit Ausführungsbestimmungen und allen wichtigeren Ministerialerlassen. **3. Aufl. — 1917.** 5,— *M*

Nr. **29.** Gesetz, betr. **die ärztlichen Ehrengerichte, das Umlagerecht und die Kassen der Aerztekammern.** Von Amts-G.Rat Dr **F. Fidler. — 1901.** 1,80 *M*

Nr. **30.** Das **Preußische Staatsschuldbuch** und **Reichsschuldbuch.** Von Wirkl. Geh. Ob.F.Rat **J. Mücke. — 1902.** 2,— *M*

Nr. **31. Die geltenden Preußischen Gesindeordnungen. Zwei Bände.** Von Rechtsanwalt **St. Gerhard.**

31 a. Gesindeordnung für die altpreußischen Provinzen vom **8.** Nov. **1810**, unter Berücksichtigung der Ergänzungsgesetze, der Rechtsverhältnisse der Stellenvermittler und

Reichsversicherungsordnung, sowie die Gesindeordnungen für Neuvorpommern und Rügen und für die Rheinprovinz. 2. Aufl. — 1914. 3,40 ℳ

31 b. Gesindeordnungen für Hannover, Schleswig-Holstein, Hessen-Nassau und den Regierungsbezirk Hohenzollern. — 1902. 2,80 ℳ

Nr. 32. **Die Städteordnung für die sechs östlichen Provinzen Preußens.** Von Dr **W. Ledermann** u. Dr **L. Brühl.** 2. Aufl. — 1913. 7,50 ℳ

Nr. 33. **Rentenguts- und Anerbenrechts-Gesetzgebung in Preußen.** Von Land-G.Rat **M. Peltasohn** und Rechtsanwalt **B. Peltasohn.** — 1903. 3,40 ℳ

Nr. 34. Sammlung der wichtigsten **preußischen Strafgesetze** nebst Ges., betr. polizeil. Strafverfügungen vom 23. April 1883. Von Geh. Ob.J.Rat. **Lindemann.** 2. Aufl. — 1912. 3,60 ℳ

Nr. 35. **Geschäftsordnung für Gerichtsvollzieher.** Von **E. Exner.** — 1904. 3,50 ℳ

Nr. 36. **Polizeiverordnungen in Preußen.** Von Geh. Ob.J.Rat **O. Lindemann.** — 2. Aufl. 1912. 2,60 ℳ

Nr. 37. Gesetz, betr. **Enteignung von Grundeigentum** vom 11. Juni 1874. Von Ob.L.G.Rat **O. Meyer.** 2. Aufl. — 1911. 2,50 ℳ

Nr. 38. **Kreis- und Provinzial-Abgabengesetz** vom 23. April 1906. Von Gemeindevorsteher **F. Schmidt.** — 1906. 1,50 ℳ

Nr. 39. Gesetz, betr. die **Unterhaltung der öffentlichen Volksschulen.** Von Reg.Rat Dr **A. Marcks.** — 1906. 2,25 ℳ

Nr. 40. **Verwaltungsstrafverfahren** bei Zuwiderhandlungen gegen die Zollgesetze und indirekte Reichs- und Landesabgaben. Von Dr **R. Katzenstein.** — 1907. 4,— ℳ

Die Gerichtspraxis.

In Verbindung mit
Amtsrichter **E. Armstroff**, Berlin-Lichterfelde, Staatsanwalt Dr **E. Falck**, Berlin, Kammergerichtsrat **M. Gfrörer**, Berlin, Amtsrichter **W. Häuseler**, Berlin-Weißensee, Amtsgerichtsrat **G. Krause**, Berlin-Tempelhof, Amtsgerichtsrat **L. Levy**, Charlottenburg, Landrichter Dr **M. Nadler**, Berlin, Amtsgerichtsrat **H. Riesenstahl**; Berlin
herausgegeben von
Kammergerichtsrat **Dr. Ernst Pape**

1914. Gr.-8°. 1326 Seiten. Geb. in Leinen. Preis 18,50 M.

Inhaltsverzeichnis:

Zivilprozeß — Die Zwangsvollstreckung — Konkursrecht — Strafprozeß — Gefängniswesen — Freiwillige Gerichtsbarkeit — Vormundschaftswesen — Nachlaßwesen — Grundbuch- und Katasterwesen — Registerwesen — Justizverwaltung — Sachregister.

Besprechungen aus der Presse:

Der schlichte Titel läßt den reichen Inhalt des umfangreichen Bandes nicht erkennen, der eine zusammenfassende Darstellung des gesamten Gerichtsverfahrens bietet . . .

„Literarisches Zentralblatt für Deutschland"

Schon jetzt wird man sagen dürfen, daß das Werk vor allen anderen bestimmt ist, dem jungen Praktiker ein treuer Berater und Führer zu sein. Die leichtverständliche Schilderung und die übersichtliche Anordnung werden auch die Gerichtsschreibereibeamten sowie strebsame Bürobeamte anziehen. . . .

„Zeitschrift für Rechtspflege in Bayern."

Die einzelnen Abschnitte sind von erfahrenen Fachmännern bearbeitet worden, die die ihnen gestellte Aufgabe in vortrefflicher Weise gelöst haben. . . . . . Auch der gereifte Praktiker wird Anregung und Belehrung aus dem Werke schöpfen.

„Leipziger Zeitschrift für Deutsches Recht"
(Staatsanwaltschaftsrat **Kaempffer**-Berlin).

Schlagwort-Register

R. = Nummer der Sammlung Deutscher **Reichs**gesetze.
P. = Nummer der Sammlung **Preußischer** Gesetze.
S. = Seite.

Schlagwort-Register. (R. = Reichsgesetz, P. = preuß. Gesetz.)

Schlagwort-Register. (R. = Reichsgesetz, P. = preuß. Gesetz.)

Schlagwort-Register. (R. = Reichsgesetz, P. = preuß. Gesetz.)

Schlagwort-Register. (R. = Reichsgesetz, P. = preuß. Gesetz.)

— 21 — 15. VII. 1918. 11 500.

FSC
www.fsc.org
MIX
Papier | Fördert gute Waldnutzung
FSC® C083411

Kolibri 360 GmbH
Ferdinand-Jühlke-Straße 7
99095 Erfurt, Deutschland
produktsicherheit@kolibri360.de